"十四五"职业教育国家规划教材

U0102334

（第3版）

汽车电气设备构造与维修

总主编　周乐山

主　编　刘娟娟　韩　玲

产教融合　项目教学型教材

QICHE DIANQI SHEBEI
GOUZAO YU WEIXIU

北京师范大学出版集团
BEIJING NORMAL UNIVERSITY PUBLISHING GROUP

北京师范大学出版社

图书在版编目(CIP)数据

汽车电气设备构造与维修/刘娟娟,韩玲主编. —3 版. —北京:北京师范大学出版社,2021.1(2024.6 重印)
ISBN 978-7-303-25945-8

Ⅰ.①汽… Ⅱ.①刘… ②韩… Ⅲ.①汽车-电气设备-构造-中等专业学校-教材②汽车-电气设备-车辆修理-中等专业学校-教材 Ⅳ.①U472.41

中国版本图书馆 CIP 数据核字(2020)第 106352 号

图书意见反馈:gaozhifk@bnupg.com　010-58805079
营销中心电话:010-58802755　58800035
编辑部电话:010-58806368

出版发行:北京师范大学出版社　www.bnupg.com
　　　　　北京市西城区新街口外大街 12-3 号
　　　　　邮政编码:100088
印　　刷:鸿博睿特(天津)印刷科技有限公司
经　　销:全国新华书店
开　　本:787 mm×1092 mm　1/16
印　　张:17
字　　数:325 千字
版　　次:2021 年 1 月第 3 版
印　　次:2024 年 6 月第 15 次印刷
定　　价:48.80 元

策划编辑:庞海龙　　　　　责任编辑:庞海龙
美术编辑:焦　丽　　　　　装帧设计:焦　丽
责任校对:陈　民　　　　　责任印制:马　洁　赵　龙

汽车运用与维修专业
项目化课程编写指导委员会

顾　问　于开成
主　任　周乐山
成　员　方道生　刘娟娟　于占明　朱银武
　　　　李　烽　张海泉　骆　振　任　超
　　　　李小飞　陆琳杰　施洪辰

本书编委会

主　编　刘娟娟　韩　玲
参　编　李佳芮　路金娣　孙　磊　闪　亮
　　　　许　建

出版说明

本套教材是在汽车维修行业专家、企业专家、课程专家的精心指导下，结合汽车维修企业生产岗位和工作实际开发的。本套教材紧紧围绕汽车售后维修企业的职业工作需求，以就业为导向，以技能训练为中心，以"更加实用、更加科学、更加新颖"为编写原则，旨在探索理论与实践一体化的教学模式，具有如下特色：

1. 教材编写理念。借鉴"行动导向"的教学模式，以学生为主体，以教师为指导，以提高学生职业技能和创新能力为目标，理论紧密联系实践。理论知识以必备、够用为度，技能训练面向岗位需求，注重结合汽车后市场服务岗位群和维修岗位群的岗位知识与技能要求，使学生学完每一本教材后，都能获得该教材所对应的职业岗位能力。

2. 教材结构体系。根据汽车维修职业岗位工作需求，采用项目、任务两个层级，实施项目导向、任务驱动的模式构建课程体系。理论教学和技能训练有机融合，专业学习和"1＋X"考证有机融合，实践教学与岗位培训有机融合，系统性和模块化有机融合，方便不同地区、不同专业、不同条件、不同层次的学生或人员剪裁选用。

3. 教材内容组织。精选对学生有用的基础理论和基本知识，突出实用性、新颖性，以我国保有量较大的轿车为典型，引入现代汽车新技术、新工艺、新规范，结合典型车型维修手册，加强"任务实施"内容的编写。在教学中坚持立德树人，德技并修，将规范操作、5S管理、良好的职业素养理念融入专业课程教学内容之中。引导教师在"做中规范地教"，学生在"学中规范地做"。教学内容突出典型工作任务，任务实施注重以实例为引导，激发学生的学习兴趣，符合学生的认知规律。

4. 教材编排形式。本套教材图文并茂，采用四色印刷。教材编排通俗易懂、简明实用、由浅入深，符合职业院校学生的心理特点。每一项目均配有"项目概述"，让学习者知道本项目要学习的任务和在"知识、技能、行为习惯和职业素养"四个方面应达到的要求。每一个任务都有具体的学习目标，配有技术规范、有安全提示的任务实施步骤，力求做到科学、规范、明晰。教材最后配有课程评价，便于学生对课程教学提出建议和专业教师教学素质提升。

5．教材配套资源。每本教材都配有学生工作手册和数字化教学资源，教学资源主要包括教学视频、电子教案、教学课件等。配套资源可方便广大教师组织教学，也可方便广大读者学习。

由于编写人员能力有限，教材中不足之处在所难免，恳请各位读者批评指正。

汽车运用与维修专业项目化课程编写指导委员会

序

据公安部统计，2021年全国机动车保有量达3.95亿辆，其中汽车3.02亿辆。我国已经进入了飞速发展的汽车社会新时代，汽车维修业也成为与广大人民群众日常生活息息相关的现代服务业。随着国家对职业教育的重视和投入的增加，我国的汽修职业教育取得了快速发展，为社会输送了一大批在汽修一线工作的高技术技能型人才，从一定程度上突破了汽车维修人才紧缺的瓶颈。但同时应该看到，汽车电动化、智能化、网联化和共享化的快速推进，打破了人们对传统汽车的理解，对汽车维修人才也提出了更高的要求。教育是国之大计、党之大计。培养什么人、怎样培养人、为谁培养人是教育的根本问题，育人的根本在于立德。全面贯彻党的教育方针，落实立德树人根本任务，培养德智体美劳全面发展的社会主义建设者和接班人，坚持以人民为中心发展教育，加快建设高质量教育体系，发展素质教育，促进教育公平。加强企业主导的产学研深度融合，坚持学思用贯通、知信行统一。这就需要我们工作在职业教育一线的专家、教师在习近平新时代中国特色社会主义思想指导下，创新教育理念，改革教学模式，优化专业教材，为党育人、为国育才，培养出真正符合党和国家要求的高技术技能型汽修人才。

教学模式的创新，得益于先进的课程理念，先进的课程理念需要一套完整的课程方案和配套的课程资源来体现，近几年，在企业、行业专家和课程专家的指导下，北京师范大学出版社开发了一整套汽车运用与维修专业的项目化教材，并不断完善和更新。相比以往的职业教育汽车运用与维修专业教材，这套教材有许多特点和亮点，主要体现在：

1. 面向职教。教材作者均来自汽车维修专业教学一线，有多年从事专业课教学的经验，大多数参编者都亲自参加过职业院校汽车运用与维修技能大赛的教师组比赛项目，并取得了优异的成绩。因此，在教材的编写过程中，他们能紧扣汽车运用与维修专业的培养目标，并借鉴全国职业院校汽车运用与维修技能大赛所提出的能力要求，把维修行业的规范、安全、环保、高效、服务、合作、敬业等理念贯穿于专业技能训练的课目之中，符合当前汽车后市场对人才的综合素质要求。

2. 难易适度。本套教材汲取了宝马、丰田、上海通用等知名汽车企业培训教材的精华，着重强调结论性、应用性强的必备基础理论知识，使得教材整体理论知识的学习难度降低，同时又保证学生在分析和解决实际问题时能具有一定的理论基础，这符合职业院校学生的认知特点。

3. 实用性强。本套教材体例实用，并配有学生工作手册，力求把知识传授、技能训练、行为习惯培养和职业素养养成融为一体，有利于学生综合素质的提升，使学生能够运用所学的基本知识举一反三、触类旁通，同时也为学生后续学习奠定基础。教材中精选了典型的工作任务，并配有工艺化的任务实施流程，旨在培养学生正确使用工具和设备解决实际问题的能力，达到学生毕业后即可胜任汽车后市场相应工作岗位的技能和素质要求。

4. 静动并举。本套教材在理论知识讲解和具体工作任务实施中采用了大量的实物图，教材采用四色印刷，在文字描述方面力求简洁规范、通俗易懂，在关键知识点的理论讲解和具体工作任务实施时配有教学视频、动画演示等数字化资源，激发了学生的学习兴趣，降低了学习难度，方便学生自我完善和自我提高。

这套教材的推广使用，将有助于职业院校汽车运用与维修专业教学质量和能力的提高。希望大家多提宝贵意见和建议，也希望我国的职业教育事业越办越好。

前言

随着我国汽车工业的高速发展，人们对汽车的性能要求也越来越高，传统汽车电气系统与机械系统已很难满足日趋严格的有关节能、排放与安全法规的要求。汽车必不可少的蓄电池、发电机、起动机、照明、信号、报警、仪表系统等传统意义上的汽车电气设备也发生着巨大的变化，特别是电子控制技术在汽车工业中的广泛应用，使得汽车电气设备越来越复杂，正朝着电子化、集成化、智能化方向发展。

"汽车电气设备构造与维修"是职业院校汽车运用与维修专业的一门必修课程，为了使大家更好、更全面地了解汽车各常用电气设备的基本结构与基本操作任务，我们编写了这本《汽车电气设备构造与维修》教材。本书没有对理论知识进行过多讲解，而是通过图文并茂的形式，详细介绍了汽车电气维修过程所涉及的工作任务。

本书具体学习内容及教学建议见下表。

项目序号	项目名称	学习任务	参考学时
项目1	静电基础知识	2	4
项目2	汽车电路图识读	3	20
项目3	汽车电源系统构造与维修	5	18
项目4	汽车起动系统构造与维修	2	8
项目5	汽车点火系统构造与维修	2	10
项目6	汽车照明、信号、报警及仪表系统构造与维修	4	14
项目7	汽车辅助电气设备构造与维修	6	44
项目8	车辆安全系统构造与维修	3	10

由于编写者水平有限，不足之处在所难免，恳请各位读者提出宝贵意见。

目 录

项目 1 PROJECT 1 静电基础知识

项 目 概 述

静电在日常生活中可以说是无处不在。人们的身上和周围有时就带有很高的静电电压，其大小足有几千伏甚至几万伏。人走过化纤地毯产生的静电大约是 35 000 V，翻阅塑料说明书产生的静电大约是 7 000 V，对于一些敏感仪器来讲，这个电压会造成严重危害。

本项目包含两个基本学习任务：任务 1——静电的认知；任务 2——防静电设备的使用。

通过本项目的学习，要在知识、技能、行为习惯、职业素养等方面达到以下相关要求。

序号	学习内容(知识、技能、行为习惯、职业素养等)	评价标准			
		了解、知道	理解、掌握	指导下操作	独立操作
1	安全、规范的操作				√
2	工作、学习环境整洁有序				√
3	执行 5S 现场管理				√
4	合作学习、积极思考				√
5	生活中的静电现象	√			
6	静电产生的机理		√		
7	静电放电的形式		√		
8	汽车方面的静电现象	√			
9	静电放电的危害		√		
10	静电放电的影响因素		√		
11	防止静电产生的措施		√		
12	防静电设备的正确使用				√

注："5S"是 Seiri，Seition，Seiso，Seiketsu，Shitsuke 五个词的缩写。

M任务 1 静电的认知
MISSION

任务目标

完成本学习任务后，你应当：

(1) 能说出生活中的静电现象；

(2) 能说出静电产生的机理；

(3) 能说出静电放电的形式；

(4) 会描述汽车方面的静电现象；

(5) 能形成环境保护的意识。

建议完成本学习任务用 2 学时。

→ 相关知识 ————————————————————————————

一、生活中的静电现象

静电对于大多数的人来说并不陌生，因为它几乎无处不在，比如日常生活中梳头、脱衣服的时候，常会出现头发越梳越乱、脱衣物发出噼噼啪啪响声及闪光的现象，还可能伴有一种强烈触电的刺痛感觉。甚至年轻的妈妈在拥抱亲吻自己的宝宝时，也会受到静电的干扰。汽车是静电的一个高发"地带"：在开关车门时，有时就会瞬间像被电击中一样。然而，不少人虽对静电现象司空见惯、习以为常，但对其给工作所带来的危害却知之甚少或不以为然，更未给予足够重视与警惕。

活动一：结合图 1-1-1，说说你是不是也有下面的一些经历。结合上面的静电放电现象，描述你在日常生活中所遇到的静电放电现象。

二、静电实验

实验准备材料：有机玻璃直尺、碎纸屑、透明塑料袋和一张纸。

活动二：结合图 1-1-2，请将直尺在你的衣服上摩擦几下，紧接着将直尺悬在一小堆碎纸屑上面，你观察到了什么？请将观察到的情况记录下来。

活动三：结合图 1-1-3，将一张纸插到透明塑料袋中，不断摩擦塑料袋，然后再将这张纸取出来，你观察到了什么？请将观察到的情况记录下来。

（a）静电放电现象一

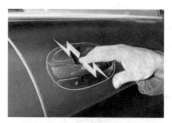
（b）静电放电现象二

（c）静电放电现象三

（d）静电放电现象四

图 1-1-1　生活中的静电放电现象

图 1-1-2　静电实验一

图 1-1-3　静电实验二

三、静电产生原理

1. 通过摩擦带静电

当鞋底接触地面时，两者之间就产生了电子飞越，进而产生电位差。当脚快速离开地面后，这个电位差不能得到平衡，随着脚步继续移动，与地面不断地接触和分离，鞋底的电荷也随之不断积累，这就导致了电压的不断升高，人们称这种带电为接触电。

思考： 如图 1-1-4 所示，一个机修工在车间里会做大量的运动，请看图分析他在运动过程中静电产生的过程。

（a）示意图一

（b）示意图二

（c）示意图三

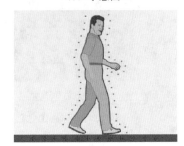

（d）示意图四

图 1-1-4　摩擦产生静电原理示意图

2. **通过感应带静电**

当装置中的中性导电部件进入一个电场时，首先开始极化作用，如图 1-1-5（a）所示。当负极载流子通过一个导电连接流走时，比如一个触点或火花放电，那么部件就带上了正电；当部件离开电场时，仍旧保持所带电荷，如图 1-1-5（b）所示。

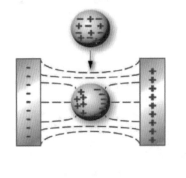

（a）感应产生静电示意图一

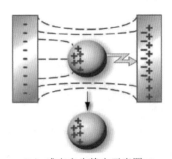

（b）感应产生静电示意图二

图 1-1-5　感应产生静电原理示意图

四、 静电的放电形式

1. 人体放电

人体放电是指在物体和人体之间发生静电放电现象，如图 1-1-6 所示。

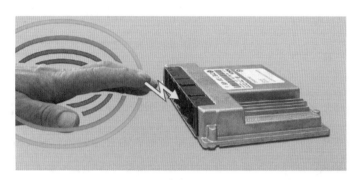

图 1-1-6　人体放电

注意：

(1)90％的放电电压＜3 000 V；

(2)30 V 的放电电压就可以损坏一个汽车模块。

2. 物体放电

物体放电是指静电发生在物体与物体之间，如图 1-1-7 所示。

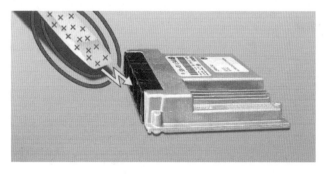

图 1-1-7　物体放电

静电放电现象可能在插拔汽车线束时产生。当从车辆的线束上拔下一个控制单元时，如果没有按照正确的储存方法放到原先的包装袋内，将会产生很大的危险。在插接这个控制单元时，控制单元与线束接触的一瞬间，高电压的放电将会导致控制单元的损坏，如图 1-1-8 所示。

（a）危害一　　　　　　　　　（b）危害二

图 1-1-8　静电对控制单元的危害

思考： 在科学技术快速发展的当今社会，汽车零部件也逐渐"高科技"化。二十大指出：我们坚持绿水青山就是金山银山的理念，坚持山水林田湖草沙一体化保护和系统治理，全方位、全地域、全过程加强生态环境保护，生态文明制度体系更加健全。静电危害对汽车零部件的影响也越大，不经过特殊处理会对环境造成一定的危害。请课后搜集资料，列举出其中几种。

_____

_____

_____

任务实施

（1）根据所学，说说你在生活中碰到的静电现象，并简单分析其产生的原理。

（2）说说静电的危害。

任务 2　防静电设备的使用

> **任务目标**
>
> 完成本学习任务后，你应当：
>
> (1) 能说出静电放电的危害；
>
> (2) 能分析静电放电的影响因素；
>
> (3) 能说出防止静电产生的措施；
>
> (4) 能正确使用防静电设备。

建议完成本学习任务用 2 学时。

⊙ 相关知识 ─────────────────

一、静电放电的危害

大家所熟悉的放电方式是闪电，除此之外，还有很多其他的放电方式。比如，当触摸衣橱里的金属衣架或打开汽车车门时（图 1-2-1），非常大的电流会因 10^{-9} s 的时间内发生，被放电的物体甚至会在小于人体感知的电压范围（3 000 V）的瞬间放电而损坏。汽车上，30 V 的放电电压就可以损坏车内的控制单元。

（a）现象图

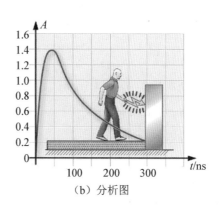

（b）分析图

图 1-2-1　开车门时静电的产生

在 20 世纪 70 年代以前，很多静电危害都是由于人们没有静电意识而造成的，即使现在在维修车间静电也在不知不觉中损坏着电子设备。半导体组件特别容易损坏，这种损坏可能不会立刻显现，而是某一个功能在未来某一时刻有所削弱（图 1-2-2），由此可能导致如下故障。

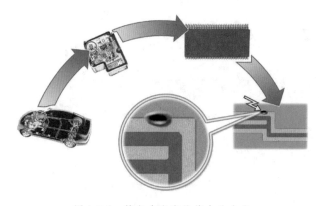

图 1-2-2　静电在汽车维修中的危害

1. 完全失效＝失灵

对于完全失效，很容易识别出损坏，这时就需要更换整个部件。

2. 部分失效＝传染

糟糕的是部分失效，通过诊断可能显示不出问题。这就像传染病，会在以后导致功能失效。

3. 部分失效＝危害

部分失效将导致以下危害：
(1)降低耐压强度；
(2)增加电流泄漏；
(3)增强噪音；
(4)降低处理器的操作速度；
(5)损坏存储元件。

二、 静电放电的影响因素

物质性质和环境因素都对静电放电有不同程度的影响，其中大气的相对湿度影响较大。由表 1-2-1 可以看出，空气越干燥，产生的静电电压就越高。

表 1-2-1　人体活动产生的静电电压

影响因素	大气的相对湿度为 15%	大气的相对湿度为 80%
在地毯上走动	35 000 V	2 000 V
在 PVC 地板上走动	16 000 V	300 V
坐在办公桌旁边	6 000 V	100 V
手工处理透明塑料袋	7 000 V	600 V
坐在带垫子的椅子上	1 800 V	1 000 V

三、防静电的措施

以下的防护措施可以使操作员在工作中更好地防止静电。

1. 静电防护服

当操作或只是手工处理电子部件时，操作人员应当穿着静电防护服。这里包括规定的工作裤，其含棉量超过 50%，还包括鞋底具有导电性的专门工作鞋。这两方面都在很大程度上降低了人体带电的危险。

2. 车间的静电防护措施

在更换控制单元时，存在非常大的静电危险，时刻要注意避免操作人员或者操作目标带电。要进行一定的放电，即对操作人员和操作目标进行电子静电放电。

一个控制单元如果未按照静电防护要求存放或者运输，就有可能带电，如果它与另外一个物体接触，如导线束，就有可能产生物体放电现象，并导致设备损坏。

3. 人体/物体放电的防护措施

考虑到人员和物体的电子静电放电，操作必须在采取了静电防护措施的工作场地（图 1-2-3）进行。

在静电防护工作场地，常用的防静电设备如图 1-2-4 所示。

（1）抗静电垫子。由具有导电性的塑料制成的抗静电垫子作为保护垫板。

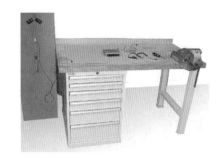

图 1-2-3　静电防护工作场地

（2）接地金属部件。所有位于或靠在工作面上的金属部件都必须接地。

（3）手腕带。在具有静电防护的操作台上开始操作前，操作员戴上手腕带，以便放电自行进行。

（4）部件接地电缆。将部件放在抗静电垫子上与接地电缆连接，然后才能将部件从包装中取出来。

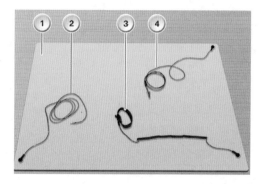

1—抗静电垫子 2—抗静电垫子的接地电缆

3—手腕带 4—部件接地电缆

图 1-2-4 防静电设备

4. 零件仓库中的静电防护措施

存放电子部件都需要采取专门的静电防护措施，仓库货架必须导电并且接地。

小零件可以使用带屏蔽静电功能的袋子，或放置在导电的大容器内，如图 1-2-5 所示。原始包装必须保存完好，因为一旦出现保修问题，必须保存并寄送更换下来的零件，就会需要带静电防护的包装。

（a）防护措施一　　　　　（b）防护措施二

图 1-2-5 零件仓库中的静电防护措施

➲ 任务实施

1. 任务准备

（1）任务准备：防静电手环、抗静电垫子、科鲁兹教学用车。

（2）主要设备：科鲁兹教学用车、工具车、工作台。

2. 实施步骤（表 1-2-2）

表 1-2-2 防静电设备的使用

作业内容	图解	技术规范
1. 使用防静电设备检查车辆的基本防护和安全性		**技术要求** 1. 车辆位于举升机位的正常举升位置，将拆解下来的部件进行检修 2. 车辆中心轴线应和举升机对称面在同一平面内，车辆不允许偏向任何一侧或一端
2. 准备防静电设备	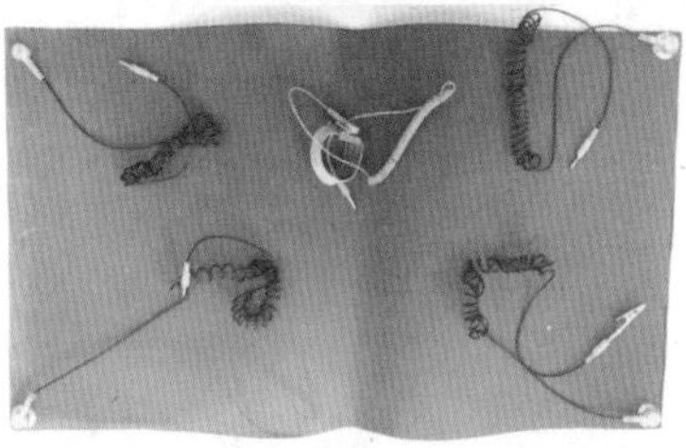	**技术要求** 将防静电设备铺于桌面上。
3. 正确佩戴防静电设备	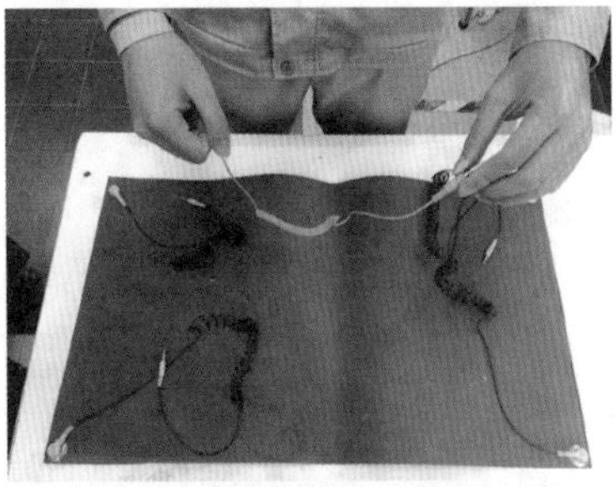	**技术要求** 正确佩戴防静电手环
4. 正确连接设备		**技术要求** 将接头的一端与蓄电池负极相连，安装好开始操作

汽车电路图识读

项 目 概 述

　　汽车电路图是用国家标准规定的线路符号，对汽车电气设备的组成、工作原理、工作过程及安装要求所做的图解说明，也包括图例及简单的结构示意图。电路图表示的是不同电路相互之间的关系及彼此之间的连接，通过对电路图的识读，可以认识并确定电路图上所画电气元件的名称、型号和规格，清楚地掌握汽车电气系统的组成、相互关系、工作原理和安装位置，便于对汽车电路进行维修、检查、安装、配线等工作。

　　本项目包含三个基本学习任务：任务1——汽车电路基础元件的认知；任务2——汽车车载网络系统的认知；任务3——整车电路图的识读。

　　通过本项目的学习，要在知识、技能、行为习惯、职业素养等方面达到以下相关要求。

序号	学习内容（知识、技能、行为习惯、职业素养等）	评价标准			
		了解、知道	理解、掌握	指导下操作	独立操作
1	安全、规范地操作				√
2	工作、学习环境整洁有序				√
3	执行5S现场管理				√
4	合作学习、积极思考		√		
5	工具摆放整齐、清洁				√
6	汽车电气设备的特点		√		
7	汽车电路的组成和特点		√		
8	汽车电路各组成元件		√		
9	判断汽车电路基础元件的好坏				√

续表

序号	学习内容(知识、技能、行为习惯、职业素养等)	评价标准			
		了解、知道	理解、掌握	指导下操作	独立操作
10	车载网络的类型、基本组成及作用		√		
11	判别车载网络电路		√		
12	整车电路图的作用		√		
13	整车电路图中的基本标识		√		
14	整车电路图的要点		√		
15	利用维修手册分析整车电路图				√

任务 1 汽车电路基础元件的认知
MISSION

完成本学习任务后，你应当：

(1)能说出汽车电气设备的组成和特点；

(2)能识别汽车电路各组成元件；

(3)能判断汽车电路基础元件的好坏。

建议完成本学习任务用 6 学时。

➡ 相关知识 ——————————————————————————————

一、汽车电气设备的组成

活动一：结合图 2-1-1，请在整车或台架上找出汽车电气设备的各组成部分。

1. 电源系统

电源系统包括蓄电池、发电机、调节器。其中发电机为主要电源设备，发电机正常工作时，向全车用电设备供电，同时给蓄电池充电。蓄电池的主要作用是当发动机起动时向起动机供电，同时辅助发电机向用电设备供电。调节器的作用是使发电机的输出电压保持恒定。

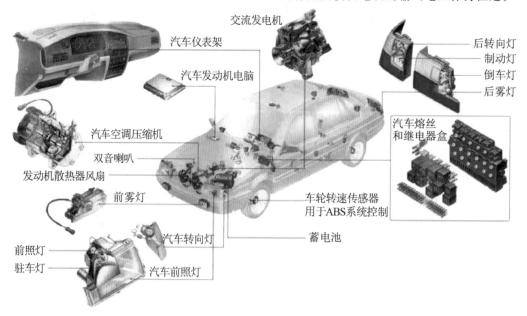

图 2-1-1　汽车电气设备组成

2. 用电设备

（1）起动系统：包括直流电动机、传动机构、控制装置，其作用是起动发动机。

（2）点火系统：其任务是产生高压电火花，点燃汽油发动机气缸内的混合气。

（3）照明系统：包括汽车内外各种照明灯及其控制装置，主要用来保证夜间行车安全。

（4）信号系统：包括喇叭、闪光器及各种行车信号标志灯，用来保证车辆运行时的人车安全。

（5）仪表与报警系统：仪表系统包括各种电器仪表（冷却液温度表、燃油表、车速表、里程表、发动机转速表等），用来显示发动机和汽车行驶中有关装置的工作状况。报警系统包括防盗报警装置、警告报警装置以及各种报警灯。

（6）辅助电气系统：包括刮水器、空调、电动车窗等。

（7）电子控制系统：包括电控燃油喷射装置、电控点火装置、制动防抱死装置、自动变速器等。

3. 全车电路及配电装置

全车电路及配电装置包括中央接线盒、保险装置、继电器、线束及插接器、电路开关等，这些使全车电路构成了一个统一的整体。

二、 汽车电气设备的特点

1. 单线制

单线制即从电源到用电设备使用一根导线连接，而另一根导线则用汽车车体或发动机机体的金属部分代替。单线制可节省导线，使线路简化、清晰，便于安装与检修。汽车电气线路的一个连接示意图如图 2-1-2 所示。

2. 负极搭铁

将蓄电池的负极与车体相连接，称

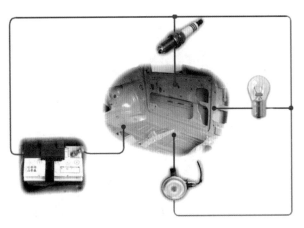

图 2-1-2　汽车电气线路连接示意图

为负极搭铁。

3. 两个电源

汽车电源包括蓄电池和发电机两个电源。发电机是主要电源，蓄电池是辅助电源。

4. 采用低压直流电

汽油车多采用 12 V 直流供电，柴油车多采用 24 V 直流供电，其主要优点是安全性好。

5. 用电设备并联

汽车上的各种用电设备都采用并联方式与电源连接，每个用电设备都由串联在其支路中的专用开关控制，互不干扰。

活动二：结合图 2-1-3，说说汽车电气设备的特点在图上的体现。

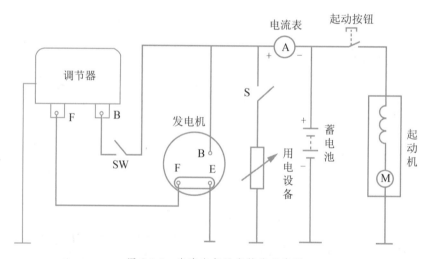

图 2-1-3　汽车电气设备接线示意图

三、汽车电路的组成

汽车电路一般由六部分组成。这六部分称为六要素，分别是电源、熔丝、继电器、控制开关、用电设备和搭铁，如图 2-1-4 所示。在汽车电路图的组成中，除了上面六部分以外，各组成部分之间的还需用导线和插接器等进行连接。

注意：不是所有的电路图都必须包含这六部分。

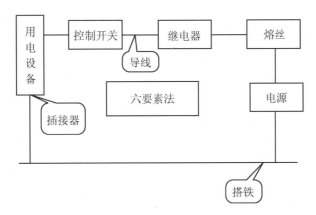

图 2-1-4　汽车电路的组成

1. 导线

思考：观察各种车型的实车或电路图上的导线，各导线之间有什么区别？为什么？

（1）导线的截面积选择。汽车用导线有高压导线和低压导线两种，均采用铜质多芯软线。选线的因素包含绝缘性、工作电流的大小、机械强度三方面。

①低压导线：根据工作电流大小和机械强度选择。工作电流大的采用较粗的导线；工作电流小的采用较细的导线，见表 2-1-1 和表 2-1-2。但是对于一些工作电流较小的电气设备，为保证具有一定的机械强度，导线截面积不得小于 $0.5~\mathrm{mm}^2$。

②高压导线：根据耐上千伏至上万伏高压的绝缘要求，采用线芯截面积小（一般为 $1.5~\mathrm{mm}^2$）、绝缘包层很厚的电线。

（2）导线的颜色与标注。各国汽车厂商在电路图上多以字母来表示导线外皮的颜色及条纹的颜色，见表 2-1-3 和表 2-1-4，但各个国家表示的方法有一定区别。

表 2-1-1　低压导线各标称截面积允许负载电流值

导线标称截面积/mm²	1.0	1.5	2.5	3.0	4.0	6.0	10.0	13.0
允许电流值/A	11	14	20	22	25	35	50	60

表 2-1-2　12 V 电气主要线路导线标称截面积推荐值

标称截面积/mm²	用途
0.5	尾灯、顶灯、指示灯、仪表灯、牌照灯、刮水器、时针、燃油表、水温表、油压表等电路
0.8	转向灯、制动灯、停车灯、断电器等电路

续表

标称截面积/mm²	用途
1.5	前照灯、电喇叭（3 A 以下）电路
1.5～4.0	其他 4 A 以上电路
4.0～6.0	柴油车电热塞电路
6.0～25.0	电源电路
16.0～95.0	起动电路

表 2-1-3　汽车用导线颜色代号一览表

序号	1	2	3	4	5	6	7	8	9	10
颜色	黑	白	红	绿	黄	棕	蓝	灰	紫	橙
代号	B	W	R	G	Y	Br	Bl	Gr	V	O

表 2-1-4　汽车用双色低压导线颜色搭配与代号

序号	1	2	3	4	5	6	序号	1	2	3	4	5	6
导线颜色	B	BW	BY	BR			导线颜色	Y	YR	YB	YG	YBl	YW
	W	WR	WB	WBl	WY	WG		Br	BrW	BrR	BrY	BrB	
	R	RW	RB	RY	RG	RBl		Bl	BlW	BlR	BlY	BlB	BlO
	G	GW	GR	GY	GB	GBl		Gr	GrR	GrY	GrBl	GrG	GrB

活动三：请正确说出各英文字母所代表的颜色。

思考：观察表 2-1-4，其中的"BW"和"WB"代表的是一种导线吗？如果不是，有什么区别？

双色线的主色所占比例大些，辅助色所占比例小些。辅助色条纹与主色条纹沿圆周表面的比例为 1∶3 至 1∶5，标注的第一色为主色，第二色为辅助色。

（3）线束。同一车型线束分发动机、底盘、车身、仪表等多个线束。安装线束时应注意以下几点：

①布线过程中不要拉得太紧；

②应有套管保护；

③应有固定装置。

思考：观察线束，线束外壳上有开口，其作用是什么？

（4）导线好坏的判断。将万用表调至"蜂鸣档"，红、黑表笔分别连接导线的两端，如果导线是通路的，则万用表发出蜂鸣声；如果导线断路，无蜂鸣声，且万用表显示电阻值无穷大。

2. 插接器

思考：在汽车电路中，线束与线束、线束与元件是通过什么来连接的？

插接器就是通常说的插头和插座，用于线束与线束或导线与导线间的相互连接。为了防止插接器在汽车行驶中脱开，所有的插接器均采用了闭锁装置。

(1)插接器的识别。符号涂黑的表示插头，白色的表示插座，带有倒角的表示的是针式插头，如图 2-1-5 所示。

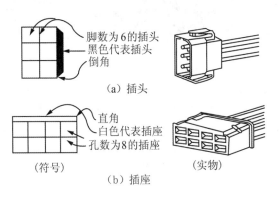

（a）插头

（符号）　　　　　　（实物）

（b）插座

图 2-1-5　插接器的符号和实物

(2)插接器的连接方法。插接器接合时，应把插接器的导向槽重叠在一起，使插头和插孔对准，然后平行插入，二者即可十分牢固地连接在一起。

(3)插接器的拆卸方法。拆开插接器时，首先要解除闭锁，然后把插接器拉开，如图 2-1-6 所示。

不允许在未解除闭锁的情况下用力拉、拔导线，这样会损坏闭锁装置或连接导线。

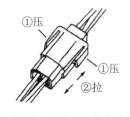

图 2-1-6　插接器的拆卸方法

3. 熔丝

熔丝在电路中起保护作用。当电路中电流超过规定的电流时，熔丝自身发热而熔断，切断电路，防止烧坏电路连接导线和用电设备，把故障限制在最小范围内。

（1）熔丝的类型。熔丝主要有插片式、叉栓式、玻璃管式三种类型，如图 2-1-7（a）所示为汽车上常用的插片式熔丝。

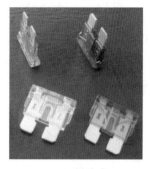

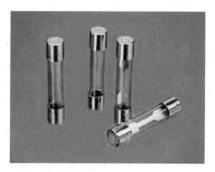

（a）插片式　　　　　　　　　（b）叉栓式　　　　　　　　　（c）玻璃管式

图 2-1-7　常见的熔丝类型

（2）熔丝在汽车上的安装位置。通常情况下，将很多熔丝组合在一起安装在熔丝盒内，熔丝盒在整车上的位置如图 2-1-8 所示。汽车上一般有两个熔丝盒：一个位于发动机舱，主要负责保护汽车外部用电器，如发动机控制单元、喇叭、玻璃清洗器、ABS、大灯等；一个位于驾驶室内，主要保护汽车内部用电器，如电动车窗、安全气囊、电动座椅、点烟器等。熔丝盒盖上注有各熔丝的名称、额定容量和位置，并用不同的颜色来区别熔丝的容量，如大众车系熔丝颜色与对应额定容量见表 2-1-5。

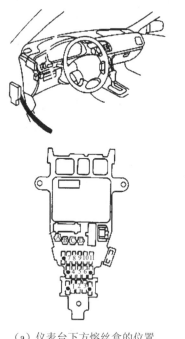
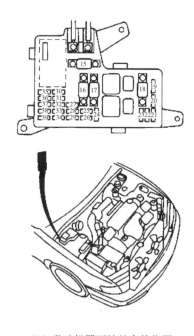

（a）仪表台下方熔丝盒的位置　　　　　　　（b）发动机罩下熔丝盒的位置

图 2-1-8　熔丝盒在整车上的位置

表 2-1-5　大众车系熔丝颜色与对应额定容量

颜色	额定容量/A	颜色	额定容量/A
绿色	30	白色	25
黄色	20	蓝色	15
红色	10	棕色	7.5
米色	5	紫色	3

活动四：在整车上找到熔丝盒的具体位置，说出各熔丝的规格型号。

(3)熔丝的检测。常用的熔丝检测方法为目测法和电阻法。

①目测法。用眼睛观察熔丝内部，两插片中间连接完好为正常；两插片中间断开为损坏，应进行更换，如图 2-1-9 所示。

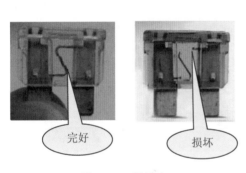

完好　　损坏

图 2-1-9　目测法

图 2-1-10　电阻法

②电阻法。用万用表对熔丝进行电阻检测，如图 2-1-10 所示。正常情况下，电阻接近于 $0\ \Omega$；若损坏，其电阻为 ∞，应进行更换。

(4)熔丝的使用注意事项。

①熔丝熔断后，必须真正找到故障原因，彻底排除故障；

②更换熔丝时，熔丝一定要与原规格相同；

③熔丝支架与熔丝接触不良会产生电压降低和发热现象，安装时要保证接触良好。

4. 继电器

继电器由线圈和开关两部分组成，其主要作用是用小电流控制大电流。

(1)继电器的类型。继电器的类型有常开型、常闭型、混合型三种，见表 2-1-6。

表 2-1-6　继电器的类型

状态	第一类继电器	第二类继电器	第三类继电器
正常（通常）状态			
线圈通电时的状态			

思考： 表 2-1-6 中，第一类、第二类、第三类继电器分别是哪一种类型的继电器？

（2）继电器的检测。以常闭型继电器为例，其检测方法见表 2-1-7。

表 2-1-7　常闭型继电器的检测方法

检测方法	图示
断电状态检测 ①测 85 和 86 端子，电阻一般为 85～100 Ω ②测 87 和 87a 端子，电阻应接近于 0 Ω **通电状态检测** 给继电器 85 和 86 端子通电，听内部触点闭合的声音，同时 87 和 87a 端子应断开，电阻应为 ∞ **试灯法** 通过连接，观察试灯的亮、灭。亮，继电器完好；灭，继电器损坏，应更换	

（3）继电器盒。整车电路以中央电器盒为中心，中央电器盒包含各种电源线、继电器和熔丝，如图 2-1-11。

5. 控制开关

汽车电气开关用来控制汽车上各种电气设备的工作状态。其控制对象不同，操作的方式也不同，主要可分为两类：直接控制式和间接控制式。

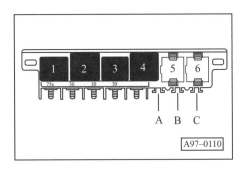

图 2-1-11　中央电器盒

直接控制式即开关直接控制小功率的负载，如点火开关控制、转向灯控制、驻车灯控制等。

间接控制式即开关不直接控制负载，而是控制中间继电器，然后利用中间继电器的触点控制大功率负载，如扬声器控制、刮水器控制等。

活动五：（小游戏）游戏规则——结合图 2-1-12，以小组接力的形式进行，讲述汽车上的各种控制开关，第一位同学说完一个开关后由第二位同学接力，每一位同学有 20 s 的时间限定。

图 2-1-12　汽车上常用的控制开关

→ **任务实施** ─────────────────────────────

1. 任务准备

（1）工作场景：教室。

（2）主要设备：万用表、蓄电池、导线若干、熔丝若干、继电器若干、工作台。

（3）辅助材料：抹布、手套、挂历白纸、白板笔、卡片纸、喷胶。

2. 实施步骤（表 2-1-8）

表 2-1-8　电路元器件的检测

作业内容	图解	技术规范
1. 准备各类元件	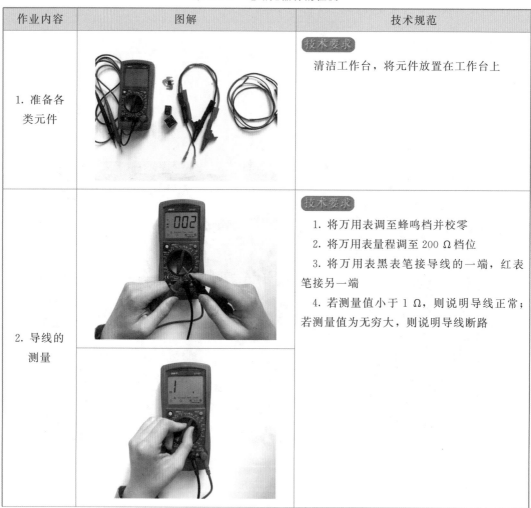	**技术要求** 清洁工作台，将元件放置在工作台上
2. 导线的测量		**技术要求** 1. 将万用表调至蜂鸣档并校零 2. 将万用表量程调至 200 Ω 档位 3. 将万用表黑表笔接导线的一端，红表笔接另一端 4. 若测量值小于 1 Ω，则说明导线正常；若测量值为无穷大，则说明导线断路

续表

作业内容	图解	技术规范
2. 导线的 测量		
3. 熔丝的 测量	 	**技术要求** 1. 将万用表量程调至 200 Ω 档位 2. 将万用表黑表笔接熔丝的一端，红表笔接另一端 3. 若测量值小于 1 Ω，则说明熔丝正常；若测量值为无穷大，则说明熔丝损坏
4. 插接器 的插拔	 沿箭头方向拉动插接器锁止机构	**技术要求** 1. 松开插接器的保险装置 2. 按住插接器卡扣 3. 将插接器向外拔出

续表

作业内容	图解	技术规范
4. 插接器 的插拔		
5. 继电器 的测量 （以常开 型为例）		**技术要求** 1. 将万用表调至 200 Ω 档位 2. 测 85 和 86 端子，电阻一般为 85～100 Ω 3. 测 87 和 87a 端子，电阻应接近于无穷大 4. 使用蓄电池，给继电器 85 和 86 端子通电，可听到内部触点闭合的声音，使用万用表测量 87 和 87a 端子，阻值应接近于 0 Ω

作业内容	图解	技术规范
5. 继电器 的测量		
6.5S 工作		**技术要求** 清洁工作台及元器件

任务 Mission 2　汽车车载网络系统的认知

任 务 目 标

完成本学习任务后，你应当：

(1)能说出车载网络的类型、基本组成及作用；

(2)能判别车载网络电路。

建议完成本学习任务用4学时。

→ **相关知识** ——●

一、 车载网络系统的功用

随着汽车技术日新月异，电子技术和控制技术在汽车上的大量应用，汽车上采用的电子控制模块越来越多，由原来的几块发展到现在的几十块，线路越来越复杂。如果仍采用常规的布线方式，即电线的一端与开关相连，另一端与用电设备相连，将导致汽车上的电线数量急剧增加。为满足各个模块间数据传输的需要，目前汽车上采用数据传输网络，即车载网络系统，如图 2-2-1 所示。

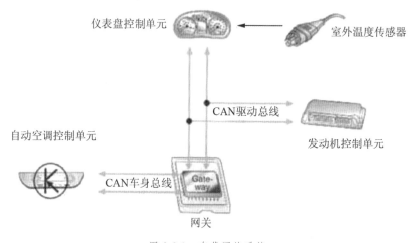

图 2-2-1　车载网络系统

二、 车载网络系统的类型

现今车载网络的常见总线类型有 CAN(Controller Area Net-work)、LIN(Local Interconnect Net-work)、FlexRay、MOST(Media Oriented System Transport)和 Bluetooth 等。低档汽车只采用 CAN 总线连接少量 ECU，高档汽车则同时拥有数条不同类型的数据总线。

CAN 总线传输速率一般为 250～500 Kbit/s，能实时满足现在大部分车辆的通信要求，而且成本较低，占据优势地位成为主流总线。高速 CAN 总线多用于实时性较高的动力总成，如发动机、底盘、变速器等，低速 CAN 多用于车身控制模块和诊断模块中。

LIN 总线可以为现在的车载总线提供辅助功能，在一些实时性和速率要求不高的电子控制系统中使用 LIN 总线，可以在保证性能的条件下节约成本。

如图 2-2-2 所示为 CAN 总线与 LIN 总线。

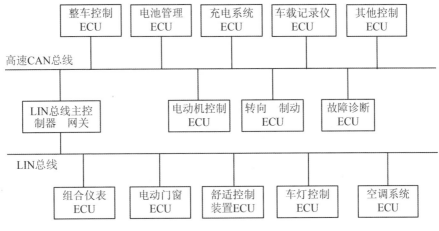

图 2-2-2 CAN 总线与 LIN 总线

FlexRay 总线伴随线控技术产生，传输速率为 5～10 Mbit/s，在实时性和可靠性方面优势明显。随着车载网络技术的不断发展，车载 ECU 数量的不断增加，新能源技术的不断发展必然导致对总线速率和带宽要求的不断提高，并且随着线控技术安全性的不断提升，FlexRay 总线的发展前景会越来越好。

MOST 总线用于车载娱乐系统，利用光纤作为传输介质，进行数字信号的传输，能够处理针对多个目标的不同数据流。

综合对比各种总线的优势和劣势，由于 CAN 总线的可靠性和性价比较好，适合现在的车载 ECU 通信媒介，因此，在现今的汽车设计中，CAN 总线已经成为标准配置。

三、 车载网络系统的组成

CAN 数据传输系统将传统的多线传输系统改为双线传输系统，这样一辆汽车不论有多少个控制模块，也不管其信息容量有多大，每个控制模块都只需引出两条线接在两个节点上，这两条导线称为数据总线。数据总线好比一条信息高速公路,信息通过在高速公路上行驶的 BUS 来传递,所以 CAN 数据传输系统又称为 CAN-BUS。

CAN 数据传输系统由以下四个部分组成:

(1)CAN 控制器。作用是接收控制单元中微处理器发出的数据,处理数据并传给 CAN 收发器。同时,CAN 控制器也接收 CAN 收发器收到的数据,会处理数据并传给微处理器。

(2)CAN 收发器。CAN 收发器是一个发送器和接收器的结合,它将 CAN 控制器提供的数据转化为电信号并通过数据总线发送出去。同时,它也接收数据总线的数据,并将其传输给 CAN 控制器。

(3)数据传输终端。数据传输终端实际上是一个电阻器,其作用是保护数据,避免数据传输到终端被反射回来而产生反射波使数据遭到破坏。

(4)CAN 数据总线。CAN 数据总线是传输数据的双向数据线,分为高位数据线 CAN-H 和低位数据线 CAN-L。为防止外界电磁波干扰和向外辐射,CAN 数据总线通常缠绕在一起,为双绞线形式,这两条线上的电位和是恒定的,如图 2-2-3 所示。

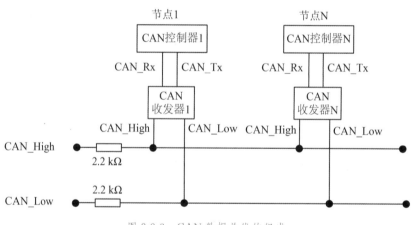

图 2-2-3　CAN 数据总线的组成

四、 典型车载网络系统电路图

别克威朗轿车采用的是通用汽车公司自己开发的车载网络通信标准 GMLAN(General Motors Local Area Network),它是用于 ECU 控制模块之间通信和诊断通信的车载网络系统,有低速、中速和高速三种总线构成,都基于 CAN 通信协议,采用同样的数据通信策略。中速 CAN 和高速 CAN 均采用双线 CAN 总线,低速 CAN 则采用单线 CAN 总线。GMLAN 通信拓扑结构从 2002 年起应用于所有的通用车型上。

图 2-2-4 所示为别克威朗轿车中用于动力总成、制动等实时性要求较高的高速 GMLAN 电路示意图。线路采用双绞线，车身控制模块作为该车车载网络系统的网关，按照网络传输协议与每个网络进行信息交互，并转换高速 GMLAN 和低速 GMLAN 总线之间的串行数据信息，使不同模块之间可以进行通信。车身控制模块或解码器之间的所有通信都是通过数据传输线谅解器 X84(故障诊断接口)在高速 GMLAN 上进行的。该车高速 GMLAN 总线系统中连接有车身控制模块 K9(网关模块)、电子制动(ABS)控制模块 K17、发动机控制模块 K20、动力转向控制模块 K43、变速器控制模块 K71、远程通信控制模块 K73(选装件)、主动安全控制模块 K124、大灯控制模块 K26 等控制模块。两根信号线中，一根为 GMLAN(＋)，颜色为深蓝色，信号电压为 2.5～3.5 V；一根为 GMLAN(－)，颜色为白色，信号电压为 1.5～2.5 V。其数据传输采用高低信号线的电压差表示，当总线静止时，两个信号电路的电压均为 2.5 V。在数据总线的两端均串联两个 60 Ω 的终端电阻(分别位于电源变压器 T19 和发动机控制模块 K20 中)，作为车辆正常操作过程中高速数据通信总线上的负载。GMLAN 高速和 GMLAN 低速电路之间都有一个阻值为 120 Ω 的终端电阻器。

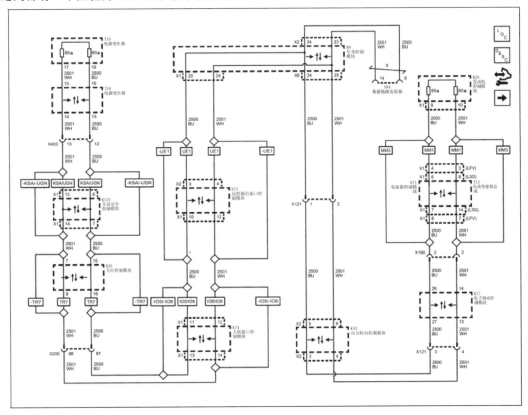

图 2-2-4　别克威朗高速 GMLAN 电路示意图

整车电路图的识读

建议完成本学习任务用10学时。

相关知识

为了详细表示实际设备或成套装置的全部基本组成和连接关系，从面便于详细理解其作用原理，需要绘制电路原理图(电路图)。

所谓电路图是根据国家颁布的有关技术标准，用图形符号、文字符号，以统一规定的方法，把电路画在图纸上。它是电气技术中使用最广泛的一种重要的电路简图，具有电路清晰、简单明了、便于理解电路原理的特点。

汽车电路图是用电气图形符号，按工作顺序或功能布局绘制的，可详细表示汽车电路的全部组成和连接关系，不考虑实际位置的简图。

一、 汽车整车电路图的作用

汽车整车电路图具有以下用途：

(1)便于详细理解表述对象的线路布置。

(2)为检测、寻找故障、排除故障提供信息(有时需借助于其他文件，如维修手册和接线图等)。

(3)为绘制接线图提供依据(有时需借助于结构图样的补充信息)。

由于电路图描述的连接关系仅仅是功能关系，而不是实际的连接导线，因此电路图不能代替敷线图。

二、 汽车整车电路图的基本标识

1. 电气符号

汽车中要用的元器件都叫汽车电气设备，在电路图中可用各个图形符号表示汽车电气设备。图形符号适用于电气图或其他文件中项目或概念的表达，标记或字符是电气技术领域中最基本的工程语言。因此，为了看懂汽车电路图，需要掌握并能熟练地运用常用的电气设备图形符号。表 2-3-1 为桑塔纳 2000 GSI 整车电路图的图形符号。

表 2-3-1　桑塔纳 2000 GSI 整车电路图的符号说明

图形	名称	图形	名称	图形	名称
	熔丝		蓄电池		起动机
	交流发电机		点火线圈		火花塞和火花塞插头
	电热丝		电阻		可变电阻
	手动开关		温控开关		按键开关
	机械开关		压力开关		多档手动开关
	继电器		灯泡		双丝灯泡
	发光二极管		内部照明灯		显示仪表
	电子控制器		电磁阀		电磁离合器
	接线插座		插头连接		元件上多针插头连接

续表

图形	名称	图形	名称	图形	名称
	元件内部导线接点		可拆式导线接点		不可拆式导线接点
	线束内导线连接		氧传感器		电动机
	双速电动机		感应式传感器		爆燃传感器
	数字钟		喇叭		扬声器
	后窗除霜器		点烟器		

活动一：请学生在黑板上分别画出蓄电池、电子控制器、双丝灯泡、继电器的图形符号，其他同学说出这些所画图形符号是否存在问题。

2. 汽车整车电路图结构

汽车整车电路图是由多个部分组成的，具体结构如图 2-3-1 所示。

图 2-3-1 中的中央电器继电器板和熔丝座用灰色区域标出，里面包括汽车电源，其中的四根主干线（30，15，X 和 31）都有其各自的含义：30 号线——常火线，与蓄电池相连；15 号线——点火线，受点火开关控制；X 号线——大功率线，该线上所接的用电设备都为大功率用电设备，当汽车起动时，需要大的电流，把 X 线上的用电设备卸载掉，增大起动电流，因此也称为卸荷线；31 号线——地线。

3. 汽车整车电路图例解

汽车整车电路图是利用图形符号和文字符号在电路上表示汽车电路构成、连接关系和工作原理的。电气元件是电路图的主体，在图中用框图辅以相应的标号表示。每一个元件都有一个代号，电气元件的接线点用标号标出，标号在元件上可以找到。电路中的连线分别为外线和内线，外线部分在图上以粗实线画出，汽车电气元件和开关总称等内部结构在电路图中用细实线画出，这部分连接是存在的，但线路是不存在的，标示出来只是为了说明这种连接关系，同时也使电路图更加容易被理解。

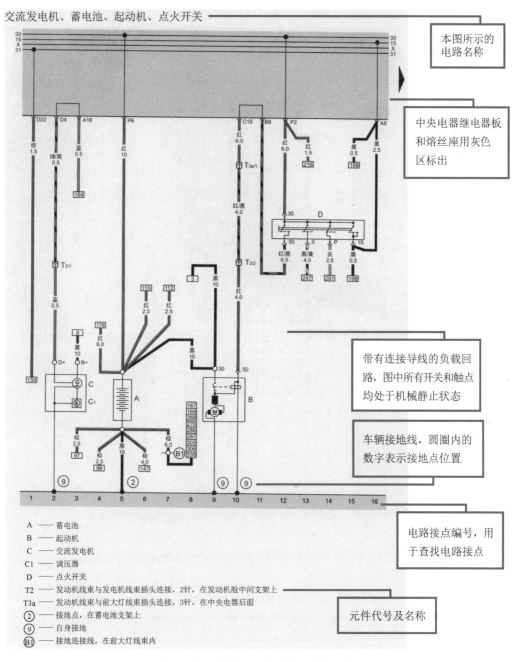

图 2-3-1　桑塔纳 2000 GSI 电路图结构

以桑塔纳 2000 GSI 整车电路图为例，每一页上的内容很多，但基本结构相同。在识读电路图（图 2-3-2）前，应知道该电路图中各个部分所代表的含义（表 2-3-2），以便于理解。

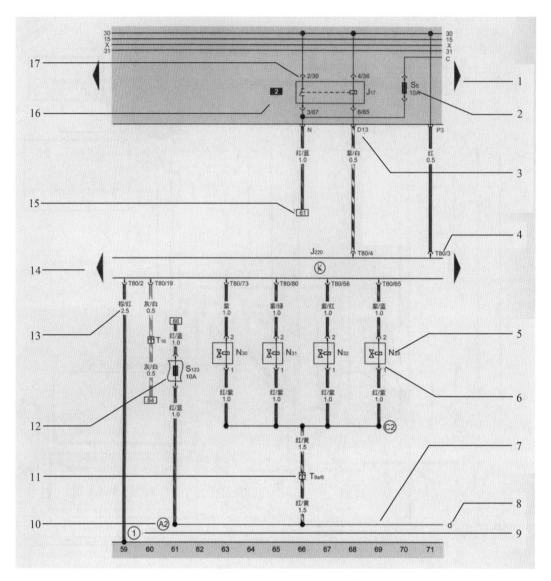

图 2-3-2　桑塔纳 2000 GSI 电路图例解

表 2-3-2　图 2-3-2 中所标注的各组成部分的含义

序号	名称	含义
1	三角箭头	表示接下一页电路图
2	熔丝代号	图中 S5 表示该熔丝位于熔丝座第 5 号位，额定容量为 10 A

续表

序号	名称	含义
3	继电器板上插头连接代号	表示多针或单针插头连接和导线的位置，如 D13 表示多针插头连接，D 位置触点 13
4	接线端子代号	表示电气元件上接线端子数/多针插头连接触点号码
5	元件代号	在电路图下方可以查到元件的名称
6	元件的符号	可参见电路图符号说明(表2-3-1)
7	内部接线(细实线)	该接线并不是作为导线设置的，而是表示元件或导线束内部的电路
8	指示内部接线的去向	字母表示内部接线在下一页电路图中与标有相同字母的内部接线相连
9	接地点的代号	在电路图下方可查到该代号接地点在汽车上的位置
10	线束内连接线的代号	在电路图下方可查到该不可拆式连接位于哪个导线束内
11	插头连接	例如，T8a/6 表示 8 针 a 插头触点 6
12	附加熔丝符号	例如，S123 表示在中央电器附加继电器板上第 23 号位熔丝，额定容量为 10 A
13	导线的颜色和截面积(单位：mm^2)	例如，棕/红 2.5 表示该导线的颜色是以棕色为主，红色为辅，其标称截面积为 2.5 mm^2
14	三角箭头	表示接上一页电路图
15	指示导线的去向	框内的数字表示导线连接到哪个接点编号
16	继电器位置编号	表示继电器板上的继电器位置编号
17	继电器板上的继电器或控制器连接代号	该代号表示继电器多针插头的各个触点。例如，山2/30 中，2 代表继电器板上 2 号位插口的触点 2；30 代表继电器/控制器上的触点 30

思考： 图 2-3-2 中的序号 2 和序号 12 所标注的熔丝有何区别？

三、 识读电路图要领

1. 找到切入点

在分析任意一个用电设备电路图时，必须有个切入点，否则将无从下手。在本项目任务 1 里介绍了六要素，在分析电路图时应从用电设备着手，逐个进行。首先找到要分析的用电设备，然后顺藤摸瓜，对其他要素进行一一分析。

2. 认真读几遍图注

图注对汽车电气设备及插头、搭铁点、导线的汇集点等进行了必要的说明，通过图注可以初步了解该汽车装备了哪些电气设备。然后通过电气设备的数码代号在电路图中找出该电气设备，再进一步找出相互连线和控制关系，由此可以了解绝大部分电路的特点和构成。

3. 熟记电气图形、电路标记符号

为了便于绘制和识读汽车电气电路图，每一电气元件都由电气图形符号代替，并且电气元件的接线柱都被赋予了不同的标志代号。例如，电源端接线柱用 B＋表示，发电机励磁电压输入端接线柱用 D＋表示。因此，必须牢记电气图形符号的含义。

4. 根据"回路原则"分析电路

任何一个完整的电路必须从电源正极出发，经过熔丝、开关、导线等到达用电设备，再经过导线回到电源负极，才能构成回路，这样的电路才是正确的。具体方法：可以沿着电路电流的方向，通常由电源正极出发，查到用电设备、开关等，回到电源负极。也可以从要查找的用电设备开始，分为两路：一路逆着电路电流的方向，经熔丝、开关等回到电源正极；另一路从用电设备到电源负极（搭铁）结束。尤其是查询一些不太熟悉的电路时，后者比前者更方便。

5. 化整为零

先看全车电路图，根据电路图上的电气图形符号及文字符号，首先对全车电气设备的概况进行全面了解，然后在全车电路图上把各局部电路框画出来。这样做的好处是：在同一局部电路中，各电气设备的联系是比较紧密的，而与其他局部电路的联系相对比较松散，框画出来后，比较容易看出其特点。

活动二：结合某一车型的整车电路图，分析某一用电设备（如大灯、喇叭等）的控制电路。

四、 拆画电路图

拆画电路图时要注意以下几点：

(1)不盲目下手。要在分析的基础上拆画电路图。

（2）合理布局。在拆画时，尽量避免线路交叉。

（3）不能随意改动线路的连接。线路的连接要与整车电路图一样，否则会影响对故障的诊断。

（4）标注要全。所有线的颜色、粗细、插接器的端子等都应标注完整。

（5）注意回路。所用电气元件都应符合回路原则。

（6）画图清晰。用铅笔、直尺画图，保证图片质量。

活动三：结合某一车型的整车电路图，拆画某一汽车电气的控制电路。

→ **任务实施** ━━●

（1）能够正确地识读整车电路图，并能举一反三，读懂各种车型的电路图，便于诊断故障。

（2）在识读电路图的基础上，拆画某一用电器的控制电路。

项目 3 汽车电源系统构造与维修

项 目 概 述

汽车电源系统包括蓄电池、发电机、调节器。其中，发电机为主要电源，发电机正常工作时，由发电机向全车用电设备供电，同时给蓄电池充电。蓄电池的主要作用是在发动机起动时向起动机供电，同时辅助发电机向用电设备供电。调节器的作用是使发电机的输出电压保持恒定。

本项目包含五个基本学习任务：任务1——蓄电池的认知；任务2——蓄电池的性能检查；任务3——蓄电池的更换；任务4——发电机的更换；任务5——发电机的性能检测。

通过本项目的学习，要在知识、技能、行为习惯、职业素养等方面达到以下相关要求。

序号	学习内容（知识、技能、行为习惯、职业素养等）	评价标准			
		了解、知道	理解、掌握	指导下操作	独立操作
1	安全、规范的操作				√
2	工作、学习环境整洁有序				√
3	执行5S现场管理				√
4	合作学习、积极思考				√
5	工具的正确选择和使用				√
6	蓄电池的基本知识		√		
7	蓄电池的更换	√			
8	蓄电池的性能检查				√
9	蓄电池的补充充电				√
10	发电机的基本知识		√		
11	发电机在实车上的位置	√			
12	发电机的更换				√
13	发电机的性能检测				√

M任务 1　蓄电池的认知

任 务 目 标

完成本学习任务后，你应当：

(1)能说出蓄电池的功用；

(2)能说出蓄电池的结构和分类；

(3)能分析蓄电池的工作原理；

(4)能养成一定的节能减排，可持续发展的意识。

建议完成本学习任务用 2 学时。

→ 相关知识 ——————————————————————————

一、蓄电池的功用

蓄电池功用如下：

(1)发动机起动时，向起动系统和点火系统供电；

(2)发动机低速运转时，向用电设备和发电机供电；

(3)发动机中/高速运转时，将发电机剩余电能转化为化学能储存起来；

(4)发电机过载时，协助发电机向用电设备供电；

(5)蓄电池相当于一个大电容器，能吸收电路中出现的瞬时过电压，保护电子元件，保持汽车电气系统电压稳定。

二、对蓄电池的要求

起动发动机时，蓄电池在 5～10 s 内要向起动机连续供给强大电流(汽油机 200～600 A，柴油机 800～1 000 A)。因此，对蓄电池的要求是容量大、内阻小，有足够的起动能力。

三、蓄电池的分类

一般汽车上使用的电池为铅酸蓄电池。常见的铅酸蓄电池有两种类型：一类是加水型铅酸蓄电池；另一类是免维护型铅酸蓄电池。

(1)加水型铅酸蓄电池：加水型铅酸蓄电池的极板由铅和铅的氧化物构成，电解液是硫酸的水溶液。它的主要优点是电压稳定、价格便宜；缺点是比能低(每公斤蓄电池存储的电能)、使用寿命短和日常维护频繁。

（2）免维护型铅酸蓄电池：免维护型铅酸蓄电池由于自身结构上的优势，电解液的消耗量非常小，在使用寿命内基本不需要补充蒸馏水。它的主要优点是耐振、耐高温、体积小、自放电小，使用寿命一般为普通蓄电池的两倍。

四、蓄电池的结构

蓄电池由若干节单格电池串联而成，每只单格电池电压约为 2 V，串联成 12 V 或 24 V 以供汽车选用。蓄电池主要由极板、隔板、电解液和壳体等组成，其结构如图 3-1-1 所示。

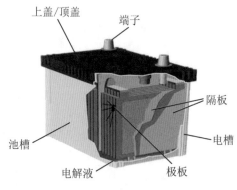

图 3-1-1　蓄电池的结构

1. 极板

极板是蓄电池的核心部分，它分为正极板和负极板。正极板上的活性物质是深棕色二氧化铅（PbO_2），负极板上的活性物质是青灰色海绵状纯铅（Pb）。在蓄电池充放电过程中，电能和化学能的相互转换，就是依靠极板上活性物质和电解液中硫酸的化学反应来实现的。

极板由栅架和活性物质组成，活性物质填充在铅锑合金的栅架上，如图 3-1-2 所示。

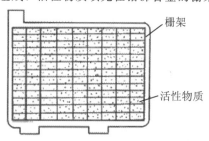

图 3-1-2　蓄电池极板

由于单片极板上的活性物质数量少，所存储的电量少。为了增大蓄电池的容量，通常将多片正、负极板分别并联，并用横板焊接，组成正、负极板组，如图 3-1-3 所示。

图 3-1-3　极板组

注意：因为正极板的强度较低，所以在单格电池中，负极板总比正极板多一片。每一片正极板都处于两片负极板之间，保持其放电均匀，防止变形。

2. 隔板

隔板插放在正、负极板之间，以防止正、负极板互相接触造成短路。隔板应具有良好的多孔性、耐腐蚀性，以利于电解液的渗透，如图 3-1-4 所示。

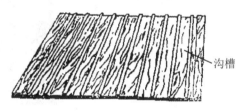

沟槽

图 3-1-4　隔板的形状

3. 电解液

电解液在蓄电池的化学反应中，起在离子间导电的作用，并参与蓄电池的化学反应。电解液由纯硫酸（H_2SO_4）与蒸馏水按一定比例配制而成，其密度在充足电的情况下为 $1.24 \sim 1.30$ g/cm³。具体使用过程中其密度应根据地区、气候条件和制造厂的要求而定，详见表 3-1-1。

表 3-1-1　不同地区和气候条件下电解液的相对密度　　　　（单位：g/cm³）

气候条件	完全充足电的蓄电池在 25 ℃时电解液的相对密度	
	冬季	夏季
冬季温度低于−40 ℃的地区	1.30	1.26
冬季温度在−40 ℃以上的地区	1.28	1.24
冬季温度在−30 ℃以上的地区	1.27	1.24
冬季温度在−20 ℃以上的地区	1.26	1.23
冬季温度在 0 ℃以上的地区	1.23	1.23

在现代汽车维修实践中，电解液一般由蓄电池生产厂家直接随蓄电池供给，汽车维修过程中维修人员极少自行配制。

4. 壳体

壳体用于盛放电解液和极板组，应该耐酸、耐振、耐热、耐寒，绝缘性好，有一定的机械强度且不渗漏。壳体多由硬橡胶或聚丙烯塑料制成，为整体式结构，底部有凸起的肋条以搁置极板组。壳内由间壁分成3个或6个互不相通的单格，各单格之间用铅质联条串联起来，如图3-1-5所示。壳体上部使用相同材料的电池盖密封，电池盖上设有对应于每个单格电池的加液孔（加水型铅酸蓄电池）（图3-1-6），用于添加蒸馏水，以及测量电解液密度、温度和液面高度。加液孔盖上的排气孔可使蓄电池化学反应中产生的气体顺利排出。

图 3-1-5　联条　　　　　　　　　　　　　图 3-1-6　蓄电池加液孔

活动：请在实车上找到蓄电池的位置，说出该蓄电池的外部结构名称。

五、 蓄电池的型号

按《铅酸蓄电池产品型号编制方法》(JB/T 2599—1993)规定，铅酸蓄电池的型号分为三部分(表3-1-2)。例如，6-QA-100：表示该蓄电池由6个单格串联组成，即额定电压为12 V，额定容量为100 Ah的干荷电式起动型蓄电池。

表 3-1-2　蓄电池的型号

第一部分	第二部分		第三部分	
串联的单格电池数	蓄电池的类型	蓄电池的特征	蓄电池的额定容量	蓄电池的特殊性能

续表

第一部分	第二部分		第三部分	
用阿拉伯数字表示	用大写的汉语拼音字母表示，如： Q——起动用铅酸蓄电池 N——内燃机车用蓄电池 M——摩托车用蓄电池	用大写的汉语拼音字母表示，如： A——干荷电铅酸蓄电池 H——湿荷电铅酸蓄电池 W——免维护铅酸蓄电池 B——薄型极板 无字母——普通铅酸蓄电池	20 h 放电率的额定容量，单位为 A·h，单位略去不写	用大写的汉语拼音字母表示，如： G——高起动率 D——低温性能好 S——塑料槽蓄电池

六、　蓄电池的工作原理

1. 电动势的建立

将铅酸蓄电池的正、负极板浸入电解液中，正、负极板与电解液相互作用，在正、负极板间就会产生约 2.1 V 的静止电动势。

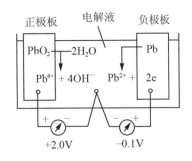

图 3-1-7　蓄电池电动势的建立

2. 放电过程

（1）自放电。

所有的蓄电池都会有自放电现象，即没有外部电路，蓄电池电量也会有所下降。蓄电池通常每天以额定容量 0.2%～1% 的速度放电，这个数值随蓄电池所处环境的温度及使用年限的增加而增加。这主要由两个因素引起：首先，蓄电池内部的化学反应发生变化会引起蓄电池自放电；其次，从蓄电池顶部泄漏的溶液也会引起蓄电池自放电，特别是在蓄电池顶部有污垢时会更严重。

（2）放电原理。

放电时，正极板上的 PbO_2 和负极板上的 Pb，都与电解液中的 H_2SO_4 发生反应生成硫酸铅（$PbSO_4$），沉附在正、负极板上。电解液中 H_2SO_4 不断减少，密度下降，其反应过程如图3-1-8所示。

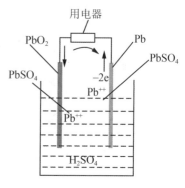

图3-1-8 蓄电池放电过程

理论上，放电过程可以进行到极板上的活性物质被耗尽为止，但由于生成的 $PbSO_4$ 沉附于极板表面，阻碍电解液向活性物质内层渗透，使得内层活性物质因缺少电解液而不能参加反应，因此在使用中被称为放完电时，蓄电池的活性物质利用率只有20%～30%。因此，采用薄型极板，增加极板的多孔性，可以提高活性物质的利用率，增大蓄电池的容量。

（3）放电结束的特征。

①单格电池电压降到放电终止电压；

②电解液密度降到最小许可值。

放电终止电压与放电电流的大小有关。放电电流越大，允许的放电时间就越短，放电终止电压也越低，见表3-1-3。

表3-1-3 蓄电池放电电流与放电终止电压的关系

放电电流/A	$0.05C_{20}$	$0.1C_{20}$	$0.25C_{20}$	C_{20}	$3C_{20}$
放电时间	20 h	10 h	3 h	25 min	5 min
单格电池终止电压/V	1.75	1.70	1.65	1.55	1.50

3. 充电过程

（1）充电原理。

充电时，正、负极板上的 $PbSO_4$ 还原成 PbO_2 和 Pb，电解液中的 H_2SO_4 增多，密度上升。当充电接近终了时，$PbSO_4$ 已基本还原成 PbO_2 和 Pb，过剩的充电电流将电解水，使正极板附近产生 O_2，负极板附近产生 H_2，O_2 和 H_2 从电解液中逸出，电解液液面高度降低。因此，铅酸蓄电池需要定期补充蒸馏水。其反应过程如图3-1-9所示。

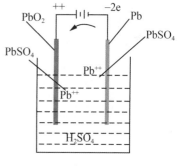

图3-1-9 蓄电池充电过程

（2）充电结束的特征。

①电解液中有大量气泡冒出，呈沸腾状态；

②电解液的密度和蓄电池的端电压上升到规定值，且在 2 h 至 3 h 内保持不变。

综上所述，蓄电池的充放电过程中的化学反应是可逆的，总的反应式如下。

$$PbO_2 + 2H_2SO_4 + Pb \underset{\text{充电}}{\overset{\text{放电}}{\rightleftharpoons}} PbSO_4 + 2H_2O + PbSO_4$$

正极板　　电解液负极板　　　　　正极板　　　电解液　　　负极板

七、 蓄电池的容量

蓄电池在规定条件(包括放电强度、放电电流及放电终止电压)下放出的电量多少或放电时间长短称为蓄电池容量，单位为安时(A·h)。

蓄电池容量 C 等于放电电流 I_f 与放电时间 t_f 的乘积，即

$$C = I_f \cdot t_f$$

1. 额定容量

在电解液温度为 $(25\pm5)℃$ 的条件下，以 20 h 的放电电流 $(0.05C_{20} A)$ 连续放电至单节蓄电池平均电压降到 1.75 V 时，输出的电量称为蓄电池的额定容量，用 C_{20} 表示，单位为 A·h。

2. 储备容量

储备容量表示在汽车充电系统失效时，蓄电池能为照明和点火系统等用电设备提供 25 A 恒流的能力。

3. 起动容量

起动容量表示铅蓄电池在发动机起动时的供电能力，是检验蓄电池质量的重要指标之一。

→ 知识拓展 ————————————————————————————————

汽车自动起停蓄电池

我国对排放以及燃油经济性有着越来越多的要求，中国式现代化是人与自然和谐共生的现代化。我们坚持可持续发展，坚持节约优先、保护优先、自然恢复为主的方针，因此各车企都大力推广既能省油又能降低排放的"黑科技"，自动起停系统便如此诞生。采用自动起停

系统的车辆主要采用 AGM 超细玻璃纤维隔板的铅酸蓄电池。这种 AGM 铅酸蓄电池耐酸性高，吸附电解液更强，从而有更小的内阻，可延长铅酸蓄电池的寿命；最重要的是其深度放电性能好，允许短时间频繁大电流放电。因此具有起停功能的车需要有更大容量的蓄电池。AGM 技术（吸附式玻璃纤维棉隔板）以及 EFB 技术（增强型注水式蓄电池）可大大提升电池蓄电额定容量。

现阶段 AGM 铅酸蓄电池已解决了起停系统主要的两大起停问题，大电流与频繁输出，但蓄电池其自放电率高，每个月放电率在 3% ～5%，存放期超过 6 个月需补充充电。因此配备自动起停系统的车辆需小心谨慎地使用和维护。

任务2　蓄电池的性能检查

任务目标

完成本学习任务后，你应当：

(1) 能说出蓄电池的充电方法；

(2) 能进行蓄电池的性能检查；

(3) 能进行蓄电池的补充充电。

建议完成本学习任务用 4 学时。

➔ 相关知识

一、蓄电池的正确使用

1. 三"抓"

(1) 抓及时、正确充电。

① 放完电的电池 24 h 内应进行补充充电；

② 装车使用电池应定期补充充电，放电程度：冬季不超过 25%，夏季不超过 50%；

③ 带电解液存放的蓄电池应定期补充充电。

(2) 抓正确使用操作。

① 每次起动时间不超过 5 s，起动间隔 15 s，最多连续起动 3 次；

② 车上的蓄电池应固定牢靠，安装搬运时应轻搬、轻放。

(3) 抓清洁保养。

① 保持蓄电池表面清洁；

② 及时清除蓄电池表面的酸液；

③ 经常疏通通气孔。

2. 五"防"

(1) 防止过充和充电电流过大。

(2) 防止过度放电。

(3) 防止电解液液面过低。

(4)防止电解液密度过大。

(5)防止电解液内混入杂质。

二、 蓄电池的存储

1. 新蓄电池的储存

未启用的新蓄电池，其加液孔盖上的排气孔均已封闭，不要捅破。保管蓄电池时应注意以下几点：

(1)存放室温为 5 ℃～30 ℃，干燥、清洁、通风。

(2)不要受阳光直射，离热源距离不小于 2 m。

(3)避免与任何液体和有害气体接触。

(4)不得倒置或卧放，不得叠放，不得承受重压。

(5)新蓄电池的存放时间不得超过 2 年。

2. 暂时不用的蓄电池的储存

采用湿储存方法，即先充足电，再把电解液密度调至 1.24～1.30 g/cm³，液面调至规定高度，然后将排气孔密封。存放期不得超过半年，存放期间应定期检查，如容量降低 25%，应立即补充充电，交付使用前应先充足电。

三、 蓄电池的充电方法

1. 定电流充电法

在整个充电过程中，充电电流基本恒定，叫定流充电。它是蓄电池充电的主要方法，初充电、补充充电和去硫化充电等都用定流充电。

定流充电可任意调整电流，可对不同情况的蓄电池充电，但其充电时间长，需经常调节电流。

2. 定电压充电法

在充电过程中，充电电压恒定不变的充电称为定压充电。蓄电池在汽车上由发电机对其充电就属于定压充电，其充电电压由充电系统的电压调节器控制。

思考：汽车上发电机向蓄电池充电的充电方式是哪一种？

→ **任务实施** 1

1. **任务准备**

（1）工作场景：教学用车（图 3-2-1）。

图 3-2-1　教学用车

（2）主要设备：通用雪佛兰科鲁兹教学用车、蓄电池、蓄电池性能检测仪、万用表、工具车、手电筒、多媒体设备一套、工作台。

（3）辅助材料：翼子板布和前格栅布、三件套、抹布、手套、挂历白纸、白板笔、卡片纸、喷胶。

2. **实施步骤**（表 3-2-1）

表 3-2-1　蓄电池的检测

作业内容	图解	技术规范
1. 车辆的基本防护和安全检查		技术要求 1. 将车辆停放于水平地面上，安装好车轮挡块 2. 安装翼子板布和前格栅布，应居中放置

续表

作业内容	图解	技术规范
2. 检查蓄电池端子导线是否松动	检查端子导线是否松动	**技术要求** 如果蓄电池端子导线有松动现象，应进行紧固处理
3. 检查蓄电池桩头是否腐蚀	检查电极柱是否腐蚀	**技术要求** 如果蓄电池桩头有氧化物或者被腐蚀，应进行清理
4. 检查蓄电池外壳	检查蓄电池外壳是否损坏	**技术要求** 检查蓄电池盒是否损坏，检查蓄电池盒是否有裂纹或者渗漏，如有则更换
5. 检查蓄电池电量（目视指示器）	通过指示器查看蓄电池情况	**技术要求** 免维护蓄电池可以通过蓄电池指示器查看液位和蓄电池状况

作业内容	图解	技术规范
6. 用万用表测量蓄电池的开路电压		**技术要求** 将万用表设置为直流适当档位，万用表的正表笔接蓄电池的正极柱，负表笔接负极柱。读出指示电压值，12～14 V 为正常值
7. BAT131 蓄电池检测仪检测		**技术要求** 选择"进行测试"进入系统
8. 对数据进行设置		**技术要求** 点"设置"进行实际项目的选择
9. 电池位置选择		**技术要求** 根据蓄电池实际位置进行选择

续表

作业内容	图解	技术规范
10. 蓄电池应用范围		**技术要求** 根据所检测车辆进行正确的选择
11. 蓄电池类型选择		**技术要求** 在蓄电池壳体上找到电池类型
12. 选择电池标准		**技术要求** 根据蓄电池壳体上的标准进行选择
13. 电池额定值的输入		**技术要求** 输入蓄电池冷起动所提供的电流，通过上下键进行调节

续表

作业内容	图解	技术规范
14. 测试结果分析		技术要求 将测试值与额定值进行对比，从而判定蓄电池起动性能的好坏
15.5S 工作		技术要求 1. 依次收起翼子板布和前格栅布，收齐放回原位 2. 收回车轮挡块 3. 清洁车身、地面等 4. 整理车间，关闭用电设备开关

→ **任务实施 2** ────────────────────────●

1. **任务准备**

（1）工作场景：充电机和蓄电池（图 3-2-2）。

（2）主要设备：教学用车、蓄电池、快速充电机、多媒体设备、工作台。

（3）辅助材料：翼子板布和前格栅布、三件套、抹布、挂历白纸、白板笔、卡片纸、喷胶。

图 3-2-2　充电机和蓄电池

2. 实施步骤（表3-2-2）

表 3-2-2　蓄电池的补充充电

作业内容	图解	技术规范
1. 准备工作		**技术要求** 检查蓄电池电解液液面高度，如果低于规定值，则添加蒸馏水
2. 充电机开关设置	 充电电流调节旋钮 电压选择开关	**技术要求** 1. 设置蓄电池电压选择开关，汽油车选择12 V，柴油车选择24 V 2. 查看充电电流调节旋钮
3. 连接蓄电池和充电机	 蓄电池"+"极	**技术要求** 先把电缆的正极（＋）红色夹子与蓄电池接线柱的正极（＋）相连，后把电缆的负极（－）黑色夹子与蓄电池接线柱的负极（－）相连
4. 给快速充电机通电	 电源开关	**技术要求** 先给充电机接上电源，然后再打开充电机电源开关，这时可观察到充电机上充电指示灯亮起

续表

作业内容	图解	技术规范
5. 调节充电电流，给蓄电池充电	充电指示灯亮	技术要求 转动充电电流调节旋钮，设置充电电流，可通过观察电流表查看充电电流情况
6. 充电结束	绿色充电指示灯亮	技术要求 1. 把充电电流调节旋钮置于"OFF"处，关闭电源 2. 充电机上绿色指示灯亮表示蓄电池已充好电
7. 拆卸蓄电池和充电机的连接导线		技术要求 充电结束后，拆开蓄电池和充电机之间的连接导线，先拆开负极接线，再拆开正极接线
8.5S 工作		技术要求 1. 依次放好充电机及蓄电池 2. 清洁地面、设备等 3. 整理车间，关闭用电设备开关

M 任务 3 蓄电池的更换

任 务 目 标

完成本学习任务后，你应当：

(1)能说出蓄电池的更换周期；

(2)能进行蓄电池的更换。

建议完成本学习任务用 4 学时。

→ 相关知识 ───

一、 蓄电池的安装及使用

(1)禁止端子部位受力，防止端子损伤和密封部位裂开。

(2)避免蓄电池倒置、遭受摔掷或冲击。

(3)绝对避免使用钢绳等金属线类，防止蓄电池短路。

(4)检查包装箱、蓄电池外观有无损伤。

(5)检查蓄电池在支架上的固定螺栓是否拧紧，安装不牢固会因行车振动而引起壳体损坏。不要将金属物放在蓄电池上，以防短路。

(6)在蓄电池极柱和盖的周围常会有黄白色的糊状物，这是硫酸腐蚀极柱、电池头、固定架等造成的，这些物质的电阻很大，要及时清除。

二、 蓄电池拆装注意事项

(1)不要盲目拆装蓄电池，否则会造成 ECU 信息丢失。

(2)点火开关接通时禁止拆装蓄电池。

(3)燃料系作业时，应拆下蓄电池。

(4)跨接起动其他车辆，需先断开点火开关，才能装拆跨接电缆线。

(5)在车身上使用电弧焊之前，应在关闭点火开关的前提下拆掉蓄电池连接线。

(6)拆下蓄电池充电或更换蓄电池后，安装时应注意正负极柱不能接错。蓄电池极柱与连接要牢固，搭铁要可靠，否则极易使电脑 ECU 中的线路烧损。

三、 蓄电池的保养

(1)起动汽车时每次起动时间不应超过 3~5 s，再次起动间隔时间不少于 15 s。

(2)如果汽车蓄电池电量耗尽，需借火才能起动，应立刻尽量以恒定的速度开车至少 20~30 min，给蓄电池进行充分的充电。

(3)汽车经常短途驾驶，开开停停，会导致蓄电池长期处于充电不足的状态，缩短使用寿命。在高速公路上以稳定的速度行车 20~30 min，可以给汽车蓄电池充分的时间充电，如果想节约汽油可以通过外接充电器为蓄电池进行补充充电。

(4)在汽车蓄电池完全放电的情况下，借火有可能也无法发动汽车。这时，需要使用专门的汽车蓄电池充电器进行慢充电。

(5)如果汽车长期放置不用，应先对车辆进行充分的充电。同时每隔一个月就将汽车发动起来，中等转速运行 20 min 左右。否则，放置时间太长，将难以起动。

(6)了解汽车蓄电池的使用时间。使用超过 3~4 年，建议更换。

(7)日常驾驶时，在离开汽车之前，检查并确保所有车灯及其他电器(如收音机、CD 播放器)已经关闭，因为这可能会耗尽蓄电池中的电量。

➡ 任务实施

1. 任务准备

(1)工作场景：雪佛兰科鲁兹教学用车(图 3-3-1)。

(2)主要设备：教学用车、工具车、多媒体设备、工作台。

(3)辅助材料：翼子板布和前格栅布、三件套、抹布、挂历白纸、白板笔、卡片纸、喷胶。

图 3-3-1 教学用车

2. 实施步骤（表 3-3-1）

表 3-3-1　蓄电池的更换

作业内容	图解	技术规范
1. 车辆的基本防护和安全检查		**技术要求** 1. 将车辆停放于水平地面上，安装好车轮挡块 2. 安装翼子板布和前格栅布，应居中放置
2. 断开蓄电池负极电缆		**技术要求** 1. 关闭点火开关 2. 用 10 号扳手松开负极电缆 3. 将负极电缆放置在隐蔽处
3. 打开蓄电池熔丝盒盖		**技术要求** 1. 用一字起拨开蓄电池熔丝盒盖上的固定凸舌 2. 注意力度，凸舌易断
4. 拆下蓄电池正极电缆至起动机的螺母		**技术要求** 1. 选择 10 号套筒 2. 拆卸螺母时应选择正确的旋转方向 3. 取下螺栓

续表

作业内容	图解	技术规范
5. 从蓄电池上拆下连接到起动机的蓄电池电缆		**技术要求** 将起动机正极电缆取下，放置在隐蔽处
6. 松开蓄电池上的正极电缆螺母并拆下电缆		**技术要求** 1. 选择 10 号套筒 2. 拆卸螺母时应选择正确的旋转方向 3. 取下螺栓
7. 松开两个固定凸舌，并拆下蓄电池正极电缆盖		**技术要求** 充电结束后，拆开蓄电池和充电机之间的连接导线，先拆开负极接线，再拆开正极接线
8. 拆下蓄电池压板紧固螺母		**技术要求** 1. 选择 10 号套筒 2. 拆卸螺母时应选择正确的旋转方向 3. 取下螺栓

作业内容	图解	技术规范
9. 拆下蓄电池压紧板固件		技术要求 两个螺栓取下后，将压紧板固件放置在工具台上
10. 将蓄电池电流传感器从蓄电池托架上松开		技术要求 1. 用一字起将蓄电池电流传感器卡扣拨开 2. 断开传感器插头
11. 拆下蓄电池防护托架		技术要求 松开固定凸舌，并拆下防护装置蓄电池托架
12. 拆下蓄电池		技术要求 1. 将蓄电池取下 2. 拆卸时注意轻拿轻放 3. 对废旧蓄电池按照要求进行处理

作业内容	图解	技术规范
13. 更换新的蓄电池并按照规范流程安装（与拆下时顺序相反）		**技术要求** 安装蓄电池应按照顺序要求，确保蓄电池可靠安装
14.5S 工作		**技术要求** 1. 依次收起翼子板布和前格栅布，收齐并放回原位 2. 收回车轮挡块 3. 清洁车身、地面等 4. 整理车间，关闭用电设备开关

 **发电机的更换**

┌───┐
│ 任　务　目　标   │
│   │
│ 完成本学习任务后，你应当：   │
│ (1)能说出发电机的功用；   │
│ (2)能说出发电机的结构和分类；   │
│ (3)能指出发电机在实车上的位置；   │
│ (4)能分析发电机的工作原理；   │
│ (5)能进行发电机的更换。   │
└───┘

建议完成本学习任务用6学时。

⊙ 相关知识 ─────────────────────────────────

一、发电机的功用

发电机是汽车的主要电源，其功用是在发动机正常运转时（怠速以上），向所有用电设备（起动机除外）供电，同时向蓄电池充电，如图3-4-1所示。

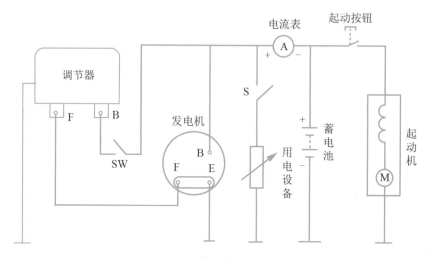

图 3-4-1　发电机供电系统

汽车上的交流发电机是一个三相同步交流发电机，它利用硅二极管将其定子绕组中所感应出的三相交流电整流为直流电。由于是用硅二极管整流的，因此，也称为硅整流发电机。

硅整流发电机具有体积小、质量小、结构简单、维修方便、使用寿命长、发动机低速运转时充电性能好、配用的调节器结构简单、对无线电干扰小、能节省大量铜材等优点。因此，目前汽车上已全部装配硅整流发电机。

活动一：在整车上找到发电机的位置。

二、 发电机的分类

1. 按总体结构划分

（1）普通交流发电机：使用时需要配装电压调节器的发电机，如 JF132 发电机。

（2）整体式交流发电机：发电机和调节器制成一个整体的发电机，如别克轿车上装配的 CS 型发电机（包括 CS121、CS130 和 CS144 三种不同的型号），如图 3-4-2 所示。

（3）带泵交流发电机：和汽车制动系统用真空助力泵安装在一起的发电机，如 JFZB292 发电机，如图 3-4-3 所示。

（4）无刷交流发电机：不需要电刷的发电机，如 JFW1913 发电机，如图 3-4-4 所示。

（5）永磁交流发电机：磁极为永磁铁制成的发电机。

发电机
◆ CS130
◆ 14V
◆ 105A
◆ 适用美国通用车系

图 3-4-2　整体式交流发电机

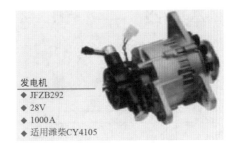

发电机
◆ JFZB292
◆ 28V
◆ 1000A
◆ 适用潍柴CY4105

图 3-4-3　带泵交流发电机

发电机
◆ JFW1913
◆ 14V
◆ 750W
◆ 适用东风汽油车

图 3-4-4　无刷交流发电机

2. 按整流器结构划分

（1）六管交流发电机。

（2）八管交流发电机。

（3）九管交流发电机。

（4）十一管交流发电机。

3. 按磁场绕组搭铁形式划分

（1）内搭铁型交流发电机：磁场绕组的一端（负极）直接搭铁（和壳体相连），如图 3-4-5（a）所示。

（2）外搭铁型交流发电机：磁场绕组的一端（负极）接入调节器，通过调节器后再搭铁，如图 3-4-5（b）所示。

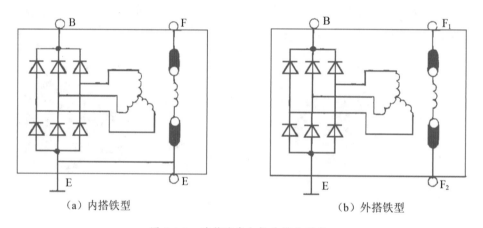

（a）内搭铁型   （b）外搭铁型

图 3-4-5   硅整流发电机的搭铁形式

活动二：结合上面所学，说出教学用车采用的是哪一种交流发电机。

三、 发电机的结构

目前国内外生产的汽车用发电机的结构基本相同，都是由一台三相同步交流发电机和一套二极管桥式整流器组成的，其结构如图 3-4-6 所示。

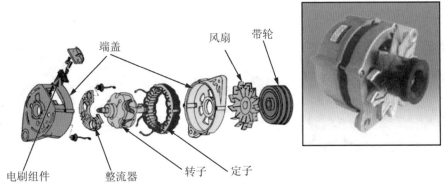

图 3-4-6　JF132 型发电机解体图

活动三：结合图 3-4-6，在台架上找出发电机的各个组成部分。

发电机一般由转子、定子、整流器、前后端盖、风扇、带轮等组成。下面分别介绍各部分的作用。

1. 定子

定子的功用是产生交流电。定子安装在转子的外面，和发电机的前后端盖固定在一起，当转子在其内部转动时，引起定子绕组中磁通的变化，定子绕组中就产生交变的感应电动势。

定子由定子铁心和定子绕组组成，如图 3-4-7 所示。定子铁心由内圈带槽、互相绝缘的硅钢片叠成。定子绕组有三组线圈，它们对称地嵌放在定子铁心的槽中。三相绕组的连接有星形连接和三角形连接两种，如图 3-4-8 所示，都能产生三相交流电。

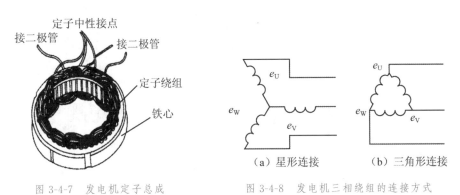

图 3-4-7　发电机定子总成　　　　图 3-4-8　发电机三相绕组的连接方式

思考：发电机定子绕组常用的是哪一种连接方式？

2. 转子

转子的功用是产生旋转的磁场。转子由爪极、磁轭、励磁绕组、滑环、转子轴等组成，如图 3-4-9、图 3-4-10 所示。

图 3-4-9 交流发电机转子总成

1—集电环 2—转子轴 3—爪极 4—磁轭 5—磁场绕组

图 3-4-10 交流发电机转子分解图

转子轴上压装着两块爪极，爪极被加工成鸟嘴形状，爪极空腔内装有励磁绕组和磁轭。滑环由两个彼此绝缘的铜环组成，压装在转子轴上并与轴绝缘，两个滑环分别与励磁绕组的两端相连。

当给两滑环通入直流电时，励磁绕组中就有电流通过，并产生轴向磁通，使一块爪极被磁化为 N 极，另一块被磁化为 S 极，从而形成六对（或八对）相互交错的磁极。当转子转动时，就形成了旋转的磁场。

3. 整流器

整流器的功用是将定子绕组的三相交流电变为直流电，整流器由整流板和整流二极管组成。6 管交流发电机的整流器是由 6 只硅整流二极管分别压装（或焊装）在相互绝缘的两块板上组成的，其中一块为正极板（带有输出端螺栓），另一块为负极板，负极板和发电机外壳直接相连（搭铁），也可以将发电机的后盖直接作为负极板。

6 只整流二极管分为正极管和负极管两种。引出电极为正极的称为正极管，3 只正二极管装在同一块板上，称为正极板；引出电极为负极的称为负极管，3 只负二极管安装在负极板上，也可直接安装在后盖上，如图 3-4-11 所示。

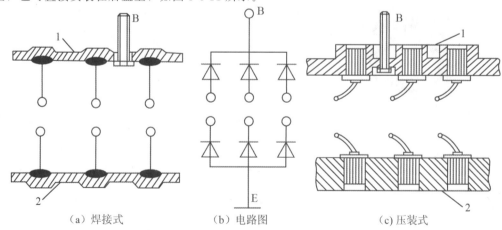

（a）焊接式　　　（b）电路图　　　（c）压装式

1—正整流板 2—负整流板

图 3-4-11 交流发电机整流二极管安装示意图

活动四：在实物上找到整流器，区分哪些二极管为正，哪些为负，并检测其好坏。

整流器总成的形状各异，有马蹄形、半圆形和圆形等，如图 3-4-12 所示。整流器和定子绕组的连接如图 3-4-13 所示。

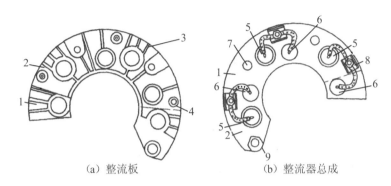

(a) 整流板 (b) 整流器总成

1—负整流板 2—正整流板 3—散热片 4—连接螺栓 5—正极管 6—负极管

7—安装孔 8—绝缘垫 9—电枢接柱安装孔

图 3-4-12 JF1552A 型发电机整流器总成

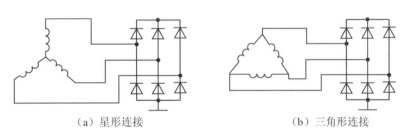

(a) 星形连接 (b) 三角形连接

图 3-4-13 发电机整流器和定子绕组的连接电路图

4. 前后端盖及电刷组件

端盖一般分两部分(前端盖和后端盖)，起支撑转子、定子、整流器和电刷组件的作用。端盖一般用铝合金铸造，一是可有效地防止漏磁，二是铝合金散热性能好。后端盖上装有电刷组件。

电刷组件由电刷、电刷架和电刷弹簧组成，有外装式和内装式两种结构，如图 3-4-14 所示。

电刷的作用是将电源通过滑环引入励磁绕组。两个电刷分别装在电刷架的孔内，借助弹簧压力与滑环保持接触。电刷和滑环的接触应良好，否则磁场电流过小会导致发电机发电不足。

励磁绕组通过两只电刷(F 和 E)和外电路相连，根据电刷和外电路的连接形式不同来分

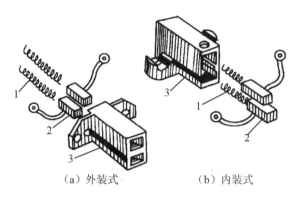

（a）外装式　　　　　（b）内装式

图 3-4-14　电刷组件

类，发电机分为内搭铁发电机和外搭铁发电机两种。

5. 带轮及风扇

交流发电机的前端装有带轮和风扇，由发动机通过传动带驱动发电机的转子轴和风扇一起旋转。

发电机工作时，定子绕组和励磁绕组中都会有热量产生，温度过高会烧坏导线的绝缘，导致发电机不能正常工作，所以必须为发电机散热。为了提高散热能力，有的发电机装有两个风扇（前、后各一个），如丰田轿车的发电机。

四、 发电机的电压调节器

当发电机转速变化时，交流发电机调节器可以自动调节发电机输出电压并使电压保持恒定，防止输出电压过高而损坏用电设备和避免蓄电池过量充电，使其保持基本恒定，以满足汽车用电器的需求，交流发电机调节器又称为电压调节器，简称调节器。

五、 发电机的型号

根据汽车行业标准《汽车电气设备产品型号编制方法》（QC/T 73—1993）的规定，汽车交流发电机型号由五部分（图 3-4-15）组成。

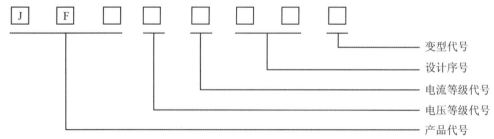

图 3-4-15　汽车交流发电机型号

1. 产品代号

JF——普通交流发电机。

JFZ——整体式(调节器内置)交流发电机。

JFB——带泵的交流发电机。

JFW——无刷交流发电机。

2. 电压等级代号

电压等级代号用一位阿拉伯数字表示。

1——12 V 系统。

2——24 V 系统。

6——6V 系统。

3. 电流等级代号

电流等级代号也用一位阿拉伯数字表示，见表 3-4-1。

表 3-4-1　电压等级代号

电流等级代号	1	2	3	4
发电机额定电流/A	<19	<29	<39	<49

4. 设计序号

设计序号按产品设计的先后顺序，由 1～2 位阿拉伯数字组成。

5. 变型代号

交流发电机以调整臂位置为变型代号。

Z——左调整臂。

Y——右调整臂。

六、 发电机工作原理

1. 发电机发电原理

如图 3-4-16 所示，发电机定子的三相绕组按一定规律分布在发电机的定子槽中，内部有一个转子，转子上安装着爪极和励磁绕组。

回顾： 磁生电和电生磁的原理。

当外电路通过电刷使励磁绕组通电时，磁场便产生，爪极被磁化为 N 极和 S 极。当转子旋转时，磁通交替地在定子绕组中变化，根据电磁感应原理可知，定子的三相绕组中会产生交变的感应电动势，这就是交流发电机的发电原理。

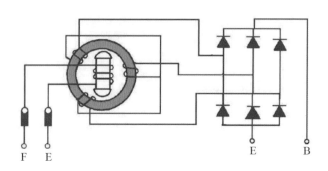

图 3-4-16　发电机发电原理示意图

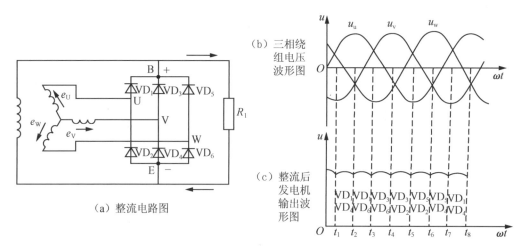

（a）整流电路图

（b）三相绕组电压波形图

（c）整流后发电机输出波形图

图 3-4-17　交流发电机整流原理

2. 发电机整流原理

在发电机定子绕组中，感应出的是交流电，经硅二极管组成的整流器整流，变为直流电。二极管具有单向导电性，给二极管加上正向电压导通，即呈现低电阻状态，允许电流通过；当给二极管加反向电压时，则截止，即呈现高电阻状态，不允许电流通过。利用硅二极管的这种单向导电性能，可把交流电变成直流电，即整流。

活动五：结合图 3-4-17，分析发电机的整流原理。

3. 交流发电机的励磁

将电流引入励磁绕组使之产生磁场称为励磁。除了永磁式交流发电机不需要励磁以外，其他形式的交流发电机都需要励磁，因为它们的磁场都是电磁场，必须给励磁绕组通电才会有磁场产生而发电，否则发电机将不能发电。

交流发电机励磁方式有他励和自励两种。

（1）他励。发电机转速较低时（发动机未达到怠速转速），自身不能发电，需要蓄电池供给发电机励磁绕组电流，使励磁绕组产生磁场来发电。这种由蓄电池供给磁场电流发电的方式称为他励发电。

（2）自励。随着转速的提高（一般在发动机达到怠速时），发电机定子绕组的电动势逐渐升高并能使整流器二极管导通，当发电机的输出电压 U_B 大于蓄电池电压时，发电机就能对外供电。当发电机能对外供电时，就可以把自身发的电供给励磁绕组，这种自身供给磁场电流发电的方式称为自励发电。

思考：汽车起动时，发电机是自励的还是他励的？

总结：交流发电机励磁过程是先他励后自励。当发动机达到正常怠速转速时，发电机的输出电压一般高出蓄电池电压 $1\sim 2$ V，以便对蓄电池充电，此时，由发电机自励发电。

不同汽车的励磁电路各不相同，但有一个共同特点是：励磁电路都必须由点火开关控制。

→ 知识拓展

永磁发电机

最近几十年汽车用发电机一直采用爪极发电机，爪极发电机是电励磁发电机。爪极发电机由于结构简单、制造容易、价格低等因素，广泛应用于汽车中。现代汽车内电负载的日益增加，对汽车电气系统的需求相应增多，未来汽车发电机功率将逐渐增大。传统的爪极发电机输出功率一般小于 2 kW，而且效率低，因此需要设计功率较大、性价比高的新型发电机。要增加功率，只单独增加电流等级是不行的，因为电流大、发热严重，损耗也会越大。因此传统的爪极发电机不能满足日益增多的功率要求，也将不再是理想的选择。

与电励磁发电机比较，永磁发电机具有不需要提供电励磁、体积小、质量小、效率高、寿命长、性价比高等优点，有可能代替传统的爪极发电机，成为汽车用发电机的首选。与同功率发电机相比，永磁发电机延长了轴承的使用寿命，避免了电励磁发电机的励磁绕组易烧毁、短路、断线等问题。因此永磁同步发电机适用于汽车，有研究指出，42 V 汽车用永磁发电机具有重要的作用和工程应用价值。如图 3-4-18 所示为永磁式发电机。

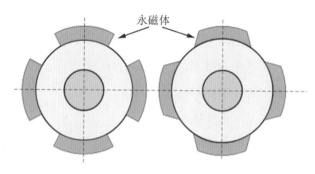

图 3-4-18　永磁式发电机

→ **任务实施** ──

> 1. **任务准备**

（1）工作场景：卡罗拉教学用车（图 3-4-19）。

（2）主要设备：卡罗拉教学用车、世达工具（图 3-4-20）、工具车、销钉、多媒体设备、工作台。

（3）辅助材料：翼子板布和前格栅布、三件套、抹布、挂历白纸、白板笔、卡片纸、喷胶。

图 3-4-19　卡罗拉教学用车

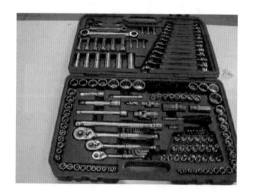

图 3-4-20　世达工具

2. 实施步骤（表 3-4-2）

表 3-4-2　发电机的更换

作业内容	图解	技术规范
1. 车辆的基本防护和安全检查		技术要求 1. 将车辆停放于水平地面上，安装好车轮挡块 2. 安装翼子板布和前格栅布，应居中放置
2. 断开蓄电池负极电缆		技术要求 1. 关闭点火开关 2. 用 10 号扳手松开负极电缆 3. 将负极电缆放置在隐蔽处
3. 拆下端子盖		技术要求 将发电机端子罩盖取下，若取下时费力，需用一字起轻轻撬开
4. 拆下螺母并从端子 B 上断开线束		技术要求 选取 10 号扳手对固定螺栓进行拆卸

作业内容	图解	技术规范
5. 断开连接器和线束卡夹		**技术要求** 取下交流发电机连接电缆，取下时注意连接器的拆卸方法
6. 拆下2个螺栓并拆下风扇皮带调节杆		**技术要求** 1. 拆卸螺栓时，应先把所有螺栓拧松，然后再拆卸，避免力矩集中在某一螺栓上，损坏螺栓 2. 拆卸最后一个螺栓时，必须用手扶住交流发电机，以免发电机掉落
7. 拆下螺栓和线束卡夹支架		**技术要求** 1. 拆下交流发电机电缆固定螺栓 2. 取下交流发电机连接电缆
8. 拆卸多楔带		**技术要求** 将调节杆旋至多楔带能取出为止，轻轻取下多楔带

续表

作业内容	图解	技术规范
9. 取下发电机		**技术要求** 取出交流发电机时应拿稳，防止掉落
10. 安装发电机		**技术要求** 按照与拆卸相反的顺序安装发电机到指定位置
11.5S 工作		**技术要求** 1. 依次收起翼子板布和前格栅布，收齐放回原位 2. 收回车轮挡块 3. 清洁车身、地面等 4. 整理车间，关闭用电设备开关

任 务 目 标

完成本学习任务后，你应当：

(1)能说出发电机的性能检测流程；

(2)能使用发电机性能检测仪检测发电机。

建议完成本学习任务用2学时。

→ **相关知识**

一、发电机的保养

汽车发电机是汽车电气设备中的重要部件，它的功用分为两大方面：满足各用电设备的需要；给蓄电池充电。要想在汽车行驶中保持发电机恒稳发电状态，应经常性地做好以下养护工作：

(1)汽车行驶一定里程后，应适当调整发电机带的紧度，根据需要再固定校准螺丝，发电机的脚架螺丝应保持一定的紧度。

(2)注意轴承的磨损程度，如果发现润滑不足，可滴数滴机油，注意机油不能渗入整流器，否则影响电能传递效果。

(3)若电刷接触面不平，可用细砂布打平。弹簧的弹性不足及电刷磨损过多时，均须更换新件。电刷太短而无破损，可用垫片塞入支架，使其与整流器密合。

(4)若电刷支架绝缘体损坏，需要另配新件。若整流器积垢，可用细砂布磨光。

(5)若发电机的极柱松动，必须马上紧固，如果是绝缘不良，应拆下进行修整。

(6)发电机上的防尘圈要牢固，不应取掉不用，以防尘埃进入内部，造成机件故障。

(7)要经常清洁各导线，保持其干燥，可防漏电。

二、使用发电机的注意事项

(1)不论何种原因拆下蓄电池，在重新安装蓄电池时必须确保接线极性正确，蓄电池接线接反将会损坏整流器。

(2)不要使用超过 12 V 的检测灯来检测二极管的导通性。

(3)发电机工作时，不允许用发电机的电枢极搭铁试火的方法来检查发电机是否发电，以免烧坏电动机与线束。

(4)发动机熄火后，应及时关闭点火开关，以防止蓄电池对发电机的磁场线圈长时间放电，造成磁场线圈烧坏或调节器损坏。

(5)不要随意将交流发电机的接线短路或接地。

(6)安装传动带时要调节其张紧度。过松容易使传动带打滑，造成发电不足；过紧容易损坏传动带和发电机轴承。

> **任务实施**

1. 任务准备

(1)工作场景：发电机性能检测仪(图 3-5-1)、连接电缆、发电机、工作台、110 V 电源转换器。

(2)主要设备：交流发电机、交流发电机性能检测仪。

(3)辅助材料：抹布、挂历白纸、白板笔、卡片纸、喷胶。

图 3-5-1   发电机性能检测仪

2. 实施步骤（表3-5-1）

表 3-5-1　发电机的性能检测

作业内容	图解	技术规范
1. 安装 110 V 电源转换器插头		**技术要求** 　牢固安装 110 V 电源转换器插头，插上 220 V 电源插头
2. 打开 110 V 电源转换器开关		**技术要求** 打开电源转换器开关
3. 打开发电机检测仪开关		**技术要求** 打开发电机检测仪开关
4. 打开测试开关		**技术要求** 检查测试开关指示灯亮不亮

续表

作业内容	图解	技术规范
5. 选择固定螺栓		**技术要求** 　选择合适的螺栓，将发电机固定在支架上
6. 安装发电机		**技术要求** 　安装时水平插入螺栓，发电机可靠地放在底座上
7. 安装皮带		**技术要求** 　查看带轮的安装位置，固定带轮，使其在一个平面上，安装时向前推动张紧装置
8. 选择连接线		**技术要求** 　在选择时，要选择匹配的连接线

续表

作业内容	图解	技术规范
9. 连接插头		**技术要求** 连接时需按要求将连接端子对齐插入
10. 连接发电机线束		**技术要求** 红线连入发电机＋B端子；黄线连入发电机＋D端子；黑线接在壳体上搭铁
11. 选择语言类型		**技术要求** 选择操作语言类型，若查阅资料则选择"英语"
12. 选择 Test Alternator（发电机测试）		**技术要求** 选择发电机测试系统

续表

作业内容	图解	技术规范
13. 选择 New Unit（新单元）		**技术要求** 选择新单元测试，看清选项
14. 选择 OTC Part（OTC 配件号）		**技术要求** 选择 OTC 配件号进入测试系统中
15. 选择发电机型号		**技术要求** 选择该发电机对应型号
16. 点击 Enter（进入）		**技术要求** 选择型号后点击 Enter 进入

续表

作业内容	图解	技术规范
17. 检查连线是否正确，按Continue（继续）		**技术要求** 检查连接线无误后，按继续，进入下一步
18. 检查安装位置，按Continue（继续）		**技术要求** 根据仪器上的显示，认真查看安装位置是否正确，确认无误后继续下一步
19. 按Ok确定测试		**技术要求** 按 Ok 进行测试
20. 关闭测试仪护盖		**技术要求** 在开始测试之前应先将测试仪护盖关闭

续表

作业内容	图解	技术规范
21. 按 Touch to STAR Test（开始测试）		**技术要求** 点击开始测试按键
22. 结果显示		**技术要求** 根据检测数据进行分析，判断发电机是否需要更换
23. 查看数据		**技术要求** 查看显示数据，对标准值与检测结果进行分析
24. 5S 工作		**技术要求** 1. 对工具和设备进行清洁，并放回原位 2. 整理场地 3. 清扫场地

要使发动机由静止状态过渡到工作状态，必须先用外力转动发动机的曲轴，使活塞做往复运动，气缸内的可燃混合气燃烧膨胀做功，推动活塞向下运动使曲轴旋转，这样发动机才能自行运转，工作循环才能自动进行。因此，曲轴在外力作用下开始转动到发动机开始自动地怠速运转的全过程，称为发动机的起动。完成起动过程所需的装置，称为发动机的起动系统。

本项目包含两个基本学习任务：任务1——起动机的更换；任务2——起动机的性能检测。

通过本项目的学习，你要在知识、技能、行为习惯、职业素养等方面达到以下相关要求。

序号	学习内容（知识、技能、行为习惯、职业素养等）	评价标准			
		了解、知道	理解、掌握	指导下操作	独立操作
1	安全、规范的操作				✓
2	工作、学习环境整洁有序				✓
3	执行5S现场管理				✓
4	合作学习、积极思考				✓
5	工具的正确选择和使用				✓
6	起动机的功用	✓			
7	起动机在实车上的位置	✓			
8	起动机的结构和分类		✓		
9	起动系统的工作原理		✓		
10	进行起动机的更换				✓
11	起动机的性能检测				✓

M任务 1　起动机的更换

任　务　目　标

完成本学习任务后，你应当：

(1)能说出起动机的功用；

(2)能说出起动机的结构和分类；

(3)能指出起动机在实车上的位置；

(4)能分析起动机的工作原理；

(5)能进行起动机的更换；

(6)能养成规范意识和精益求精的工匠精神。

建议完成本学习任务用 6 学时。

⊙ 相关知识 ————————————————————————————————

一、　起动系统的组成

现在汽车上的起动系统一般由蓄电池、起动机、点火开关、继电器等组成，如图 4-1-1
所示。

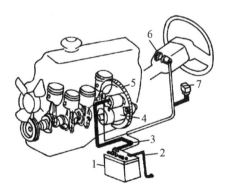

1—蓄电池　2—搭铁电缆　3—起动机电缆　4—起动机

5—飞轮　6—点火开关　7—继电器

图 4-1-1　起动系统的组成

活动一： 在实车上找到起动机所在的位置。

二、起动机的功用

起动机的功用是将蓄电池的电能转换为机械能，再通过传动机构将发动机拖转起动。

三、起动机的分类

起动机可按照直流电动机励磁方式和传动机构啮入方式的不同来分类。

1. 按直流电动机励磁方式分类

（1）电磁式起动机：指电动机的磁场为电磁场的起动机，电磁场是指由线圈通电而在铁心中产生的磁场，如图 4-1-2 所示。

（2）永磁式起动机：指电动机的磁场由永久磁铁产生的起动机。由于磁极采用永磁材料制成，不需要磁场绕组，因此永磁式电动机结构简化、体积小、质量小，如图 4-1-3 所示。

图 4-1-2　电磁式起动机　　　　　　　图 4-1-3　永磁式起动机

2. 按传动机构啮入方式分类

（1）惯性啮合式传动机构：驱动齿轮靠惯性力的作用，沿电枢轴移出与飞轮啮合使发动机起动。发动机起动后，当飞轮的转速超过电枢轴转速时，驱动齿轮靠惯性力的作用退回，脱离与飞轮的啮合，防止电动机超速。这种起动机工作可靠性差，现代汽车已很少使用。

（2）强制啮合式传动机构：如图 4-1-4 所示，起动机的电枢与磁极错开。接通起动开关起动发动机时，在磁极磁力的作用下，驱动齿轮与飞轮环齿啮合。发动机起动后，切断起动开关，磁极退磁，电枢轴连同驱动轮退回，脱离与飞轮的啮合。这种起动机结构简单、工作可靠、操作方便，所以被现代汽车广泛采用。

图 4-1-4 强制啮合(同轴、齿轮移动)式

(3)电枢移动式啮合机构:驱动齿轮靠杠杆机构的作用沿电枢轴移出与飞轮环齿啮合,使发动机起动;发动机起动后,切断起动开关,外力的作用消失后,驱动齿轮在复位弹簧的作用下退回,脱离与飞轮环齿的啮合。这种起动机结构复杂,仅用于一些大功率柴油车中。

四、 起动机的结构

起动机一般由直流电动机、传动机构和控制装置三部分组成,如图 4-1-5 所示。

图 4-1-5 起动机实物

1. 直流电动机的结构

直流电动机由电枢、磁极、换向器、电刷等组成,其作用是产生转矩。如图 4-1-6 所示。

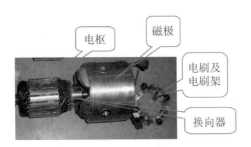

图 4-1-6 直流电动机的结构

（1）电枢。电枢用来产生电磁转矩，由铁心、电枢绕组、换向器和电枢轴等组成。电枢结构如图4-1-7所示（以电磁式起动机为例）。

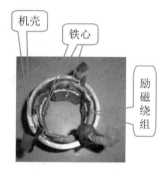

图 4-1-7　电枢

图 4-1-8　磁极

（2）磁极。磁极的作用是产生电枢转动时所需的磁场，它由固定在机壳上的磁极铁心和磁场绕组组成，如图4-1-8所示。

（3）电刷及电刷架。电刷和换向器配合使用，它主要用来连接磁场绕组和电枢绕组的电路，并使电枢轴上的电磁力矩保持方向固定。

电刷用钢与石墨粉压制而成，中间加入铜，以减小电阻，并增加其耐磨性。电刷架的作用是安装电刷，一般有四个，两个绝缘电刷架，两个搭铁电刷架。电刷在电刷架中，电刷弹簧使其紧压在换向器表面，保持接触良好，如图4-1-9所示。

1—换向器　2—电刷　3—盘形弹簧　4—搭铁电刷架

5—绝缘垫　6—绝缘电刷架　7—搭铁电刷

图 4-1-9　电刷与电刷架

活动二：结合实物，判断是绝缘电刷还是搭铁电刷，并说明判断的方法。

（4）外壳。电动机的外壳也是电动机的磁路部分，由低碳钢冲压而成，是定子线圈和磁极固定的地方。

2. 传动机构

传动机构主要由拨叉、单向离合器和驱动齿轮组成，如图 4-1-10 所示。其作用是在发动机起动时，使起动机驱动齿轮啮入飞轮齿圈，将起动机转矩传给发动机曲轴；而在发动机起动后，使驱动齿轮打滑与飞轮齿环自动脱开。

汽车发动机对起动机传动机构的要求为：驱动齿轮与飞轮啮合平稳；起动后能自动打滑或脱离啮合；因起动机由点火开关控制，发动机工作时，要有控制机构防止点火开关产生误动作使飞轮再啮合。

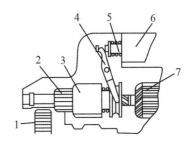

1—飞轮　2—驱动齿轮　3—单向离合器
4—拨叉　5—活动铁心　6—电磁开关
7—电枢

图 4-1-10　传动机构的结构示意图

3. 控制装置

控制装置主要由吸引线圈、保持线圈、复位弹簧、活动铁心、接触片等组成。其作用是接通和切断起动机与蓄电池之间的电路。

活动三：结合实物，说出起动机各组成部分的名称及作用，并把各部分归为三大部分，①直流电动机部件；②控制装置部件；③传动机构部件。

五、　起动机工作原理

起动机的工作过程如图 4-1-11 所示。

当点火开关接通起动档时，其电路为蓄电池正极→主接线柱 3→点火开关 4→起动接线柱 5→吸引线圈和保持线圈线路。

吸引线圈电路：蓄电池正极→主接线柱 3→点火开关 4→起动接线柱 5→吸引线圈 7→电动机磁场绕组→电枢绕组→搭铁→蓄电池负极。

保持线圈电路：蓄电池正极→主接线柱 3→点火开关 4→起动接线柱 5→保持线圈 8→搭铁→蓄电池负极。

此时，吸引线圈和保持线圈磁场方向相同，活动铁心在电磁力作用下克服回位弹簧的作用向前移动，压动推杆使起动机开关接触盘与触点靠近，与此同时带动拨叉将驱动小齿轮一边缓慢旋转，一边推向飞轮齿圈啮合。当驱动小齿轮与飞轮齿圈接近完全啮合时，开关接触盘已将触点接通，在点火线圈附加电阻被短路后起动机主电路接通，直流电动机产生强大转矩，通过接合状态的单向离合器传给发动机飞轮齿圈，起动发动机。

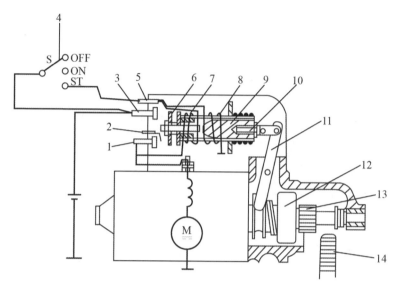

1，3—主接线柱　2—点火线圈附加电阻短路接线柱　4—点火开关　5—起动接线柱　6—接触盘　7—吸引线圈
8—保持线圈　9—活动铁心　10—调节螺钉　11—拨叉　12—单向离合器　13—驱动齿轮　14—飞轮

图 4-1-11　起动机工作过程

　　主开关接通后，吸引线圈被主开关短路，活动铁心在保持线圈电磁力作用下保持在吸合位置。

　　当驾驶人松开点火钥匙时，点火开关从起动档自动回到点火档，起动档断开。此时开关接触盘仍将触点接通，保持线圈中的电流改经起动机开关与吸引线圈串联形成通路。吸引线圈和保持线圈电流的路径为：蓄电池正极→主接线柱 3→接触盘→主接线柱 1→吸引线圈 7→起动接线柱 5→保持线圈 8→搭铁→蓄电池负极。此时两线圈电流方向相反，产生的电磁力相互削弱，故在回位弹簧的作用下，活动铁心等可移动部件自动回位，开关接触盘与触点断开，电动机主电路即被切断，起动机停止工作。驱动齿轮未退出前，单向离合器起"飞散"保护作用。

　　活动四： 结合图 4-1-11，说说起动机的工作过程。

六、 起动机的型号

　　在科技强国发展道路上，对于企业生产制造工艺，要不断创新，更要有一定的行业标准做指引，根据国家行业标准，起动机编号规则如图 4-1-12 所示。

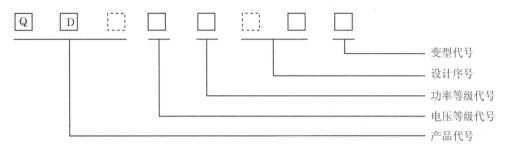

图 4-1-12　起动机编号规则

（1）产品代号：有 QD，QDJ，QDY 三种，分别表示普通电磁式起动机、减速式起动机、永磁式起动机或永磁式减速起动机。字母"Q，D，J，Y"分别为汉字"起、动、减、永"汉语拼音的第一个大写字母。

（2）电压等级代号：用一位阿拉伯数字表示，见表 4-1-1。

表 4-1-1　起动机的电压等级代号

电压等级代号	1	2	3	4	5	6
电压等级/V	12	24	—	—	—	6

（3）功率等级代号：见表 4-1-2。

表 4-1-2　起动机的功率等级代号

功率等级代号	1	2	3	4	5	6	7	8	9
功率/kW	<1	1～2	2～3	3～4	4～5	5～6	6～7	7～8	>8

（4）设计序号：按产品设计的先后顺序，以 1～2 位阿拉伯数字组成。

（5）变型代号：主要电气参数和基本结构不变的情况下，一般电气参数的变化和某些结构改变称为变型，按英文大写字母 A，B，C……的顺序表示。

例如，QD1225 表示额定电压为 12 V，功率为 1～2 kW，第 25 次设计的起动机。

⊙ 知识拓展

减速起动机

减速起动机与常规起动机的主要区别是在传动机构和电枢轴之间安装了一套齿轮减速装置，通过减速装置把转矩传递给单向离合器，可以降低电动机的速度，增大输出转矩，减少起动机的体积和质量。齿轮减速装置主要有平行轴外啮合减速齿轮装置和行星齿轮减速装置两种形式。目前，采用减速起动机(图 4-1-13)的汽车越来越多。

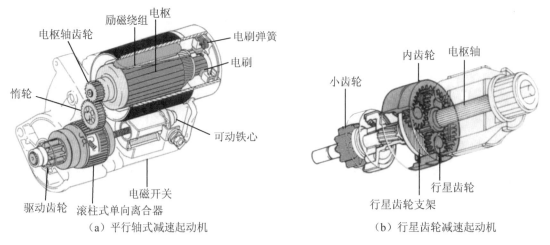

（a）平行轴式减速起动机　　　　　（b）行星齿轮减速起动机

图 4-1-13　减速起动机

➔ 任务实施

1. 任务准备

(1)工作场景：多媒体教室，丰田卡罗拉教学用车(图 4-1-14)。

图 4-1-14　教学用车

图 4-1-15　工具的准备

(2)主要设备：教学用车、成套组合工具车(图 4-1-15)、多层零件车、工作台、多媒体设备、白板、教学三脚架。

(3)辅助材料：翼子板布和前格栅布、三件套、抹布、手套、垫块、挂历白纸、白板笔、卡片纸、喷胶。

2. 实施步骤（表 4-1-3）

表 4-1-3　起动机的更换

作业内容	图解	技术规范
1. 车辆的基本防护和安全检查		**技术要求** 1. 将车辆停放于水平地面上，安装好车轮挡块 2. 安装翼子板布和前格栅布，应居中放置
2. 从蓄电池负极端子断开电缆		**技术要求** 1. 关闭点火开关 2. 用 10 号扳手松开负极电缆
3. 举升车辆		**技术要求** 1. 将车辆举升到合适高度 2. 在车辆举升过程中，严禁周围站人或人员在其周围走动
4. 拆下端子盖		**技术要求** 1. 用一字起撬开端子盖，露出螺栓

续表

作业内容	图解	技术规范
5. 拆下起动机正极螺栓		**技术要求** 选择合适的工具拆下螺栓
6. 取下端子		**技术要求** 拆下螺栓后，取下端子
7. 断开连接器		**技术要求** 拔下连接起动机的插接器，注意插接器的拆卸方法
8. 拆下两个螺栓		**技术要求** 1. 选择合适的工具拆下两个固定螺栓 2. 螺栓松掉时需用手托住起动机

续表

作业内容	图解	技术规范
9. 取下起动机		**技术要求** 取下起动机放在工具车上
10. 安装起动机（与拆卸起动机步骤相反）		**技术要求** 1. 更换新的起动机，将起动机按照规定力矩安装在车上 2. 正确安装插接器
11.5S 工作		**技术要求** 1. 依次收起翼子板布和前格栅布，收齐放回原位 2. 收回车轮挡块 3. 清洁车身、地面等 4. 整理车间，关闭用电设备开关

Mission 任务 2　起动机的性能检测

完成本学习任务后，你应当：

(1)能说出起动机的性能检测流程；

(2)能会使用起动机性能检测仪检测起动机。

建议完成本学习任务用 2 学时。

➔ 相关知识

一、　起动机的保养

为保证起动机顺利工作，需要定期对起动机进行保养：

(1)检查清洗起动机，拆下防尘带，检查整流子表面与炭刷的接触情况。整流子表面应平滑、清洁，接触面积应大于 85%，炭刷高度不应低于新电刷高度的 2/3，炭刷弹簧压力应足够。

(2)检查电磁开关触点表面，若有烧坏或有黑斑，应用 0 号砂纸磨掉。

(3)检查励磁线圈及线路状况，看内部转动有无碰击。

二、　使用起动机的注意事项

(1)每次的起动时间不超过 5 s，再次起动间隔不少于 15 s，如连续三次不能起动，应停机进行检查，排除故障后再起动。

(2)若起动时驱动齿轮未进入齿圈啮合而出现打齿的噪音，应迅速停止起动。

(3)发动机着火后应立即松开按钮，使驱动齿轮退回原位。

(4)严禁挂档后离合器未分离就运转起动机，利用起动机驱动车辆移动。

➔ 任务实施

1. 任务准备

(1)工作场景：教学用车、起动机性能检测仪(图 4-2-1)、连接电缆、起动机、工作台、110 V 电源转换器。

(2)主要设备：起动机、起动机性能检测仪。

（3）辅助材料：抹布、挂历白纸、白板笔、卡片纸、喷胶。

图 4-2-1   起动机性能检测仪

2. 实施步骤（表 4-2-1）

表 4-2-1   起动机的性能检测

作业内容	图解	技术规范
1. 安装 110 V 电源转换器插头		**技术要求** 牢固安装 110 V 电源转换器插头，插上 220 V 电源插头
2. 打开 110 V 电源转换器开关		**技术要求** 打开 110 V 电源转换器开关
3. 打开起动机检测仪开关		**技术要求** 打开起动机检测仪开关

续表

作业内容	图解	技术规范
4. 打开测试开关		**技术要求** 检查测试开关指示灯亮不亮
5. 牢固放置起动机		**技术要求** 放置起动机时，应保证较牢固地固定在支架上
6. 连接起动机测试线束		**技术要求** 对照电路图将起动机各端子可靠地与线束连接
7. 选择语言类型		**技术要求** 选择操作语言的类型

作业内容	图解	技术规范
8. 选择 Test Starter（起动机测试）		技术要求 1. 选择起动机测试系统 2. 需熟悉起动机英文全称
9. 选择 New Unit（新单元）		技术要求 选择新单元，看清选项
10. 选择 OTC Part（OTC 配件号）		技术要求 选择 OTC 配件号进入测试系统中
11. 选择起动机型号		技术要求 查询起动机型号，选择该型号开始测试

续表

作业内容	图解	技术规范
12. 检查连线是否正确，按 Continue（继续）		技术要求 根据仪器上显示的内容，认真查看安装位置是否正确，确保无误后继续下一步
13. 按 Ok 进行测试		技术要求 按 Ok 键进行测试
14. 关闭测试仪护盖		技术要求 在开始测试之前应先将测试仪护盖关闭
15. 点击 Touch To START Test （开始测试）		技术要求 点击"开始"测试按键，在点击前应该检查周围环境，确保安全操作

续表

作业内容	图解	技术规范
16. 结果显示		**技术要求** 　查看显示结果，点击数据显示进入下一步
17. 记录数据		**技术要求** 　查看后，详细记录测试数据并分析，如不符合要求，应更换起动机
18. 5S 工作		**技术要求** 　1. 依次收起翼子板布和前格栅布，收齐放回原位 　2. 收回车轮挡块 　3. 清洁车身、地面等 　4. 整理车间，关闭用电设备开关

项目 5 汽车点火系统构造与维修

项 目 概 述

点火系统是汽油发动机的一个重要组成部分。点火系统工作性能的优劣，直接决定着汽车的动力性、经济性及排气污染程度等。发动机点火系统自1910年首次安装在汽车上以来，主要经历了传统点火系统、普通电子点火系统、微机控制点火系统3个发展阶段。

本项目包含两个基本学习任务：任务1——点火系统的认知；任务2——点火系统的检修。

通过本项目的学习，要在知识、技能、行为习惯、职业素养等方面达到以下要求。

序号	学习内容(知识、技能、行为习惯、职业素养等)	评价标准			
		了解、知道	理解、掌握	指导下操作	独立操作
1	安全、规范的操作				√
2	工作、学习环境整洁有序				√
3	执行 5S 现场管理				√
4	合作学习、积极思考				√
5	工具的正确选择和使用				√
6	点火系统的功用及发动机对点火系统的要求		√		
7	电控点火系统的分类和组成		√		
8	电控点火系统各组成部分在实车上的位置				√
9	电控点火系统的工作原理		√		
10	爆震传感器、点火模块的功用及结构				√
11	爆震传感器、点火模块的控制电路				√
12	点火模块的检修				√

点火系统的认知

任　务　目　标

完成本学习任务后，你应当：

(1)能说出点火系统的功用及发动机对点火系统的要求；

(2)能说出电控点火系统的分类和组成；

(3)能指出电控点火系统各组成部件在实车上的位置；

(4)能分析电控点火系统的工作原理。

建议完成本学习任务用 2 学时。

➔ 相关知识

一、 点火系统的功用

点火系统的作用是将汽车的低压电变为高压电，并适时送到点火缸火花塞，击穿火花塞间隙，点燃混合气，使发动机做功。

二、 发动机对点火系统的要求

(1)能产生足以击穿火花塞间隙的电压。火花塞电极击穿而产生火花时所需要的电压称为击穿电压，点火系统产生的次级电压必须高于击穿电压，才能使火花塞跳火。

(2)火花应具有一定的能量。发动机正常工作时，由于混合气压缩终了的温度接近其自燃温度，仅需要 1～5 mJ 的火花能量。

(3)点火时间应适应发动机的工况。点火系统应按发动机的工作顺序进行点火。

实际点火提前角＝初始点火提前角＋基本点火提前角±修正点火提前角

思考：点火提前角大小的影响因素有哪些？

①如果点火过迟，当活塞到达上止点时才点火，那么混合气的燃烧主要在活塞下行过程中完成，即燃烧过程在容积增大的情况下进行，使炽热的气体与气缸壁接触的面积增大，转变为有效功的热量相对减少，气缸内最高燃烧压力降低，导致发动机过热，功率下降。

②如果点火过早，由于混合气的燃烧完全在压缩过程中进行，气缸内的燃烧压力急剧升高，当活塞到达上止点之前即达到最大，使活塞受到反冲，发动机做负功，不仅使发动机的功率降低，并有可能引起爆燃和运转不平稳现象，加速运动部件和轴承的损坏。

实践证明，燃烧最大压力出现在上止点后 10°～15°时，发动机的输出功率最大，此时所对应的点火提前角为最佳点火提前角。使用中，随发动机工况的变化，最佳点火提前角相应改变。因此，必须随使用情况及时调整点火提前角。

点火提前角的主要影响因素有两点：

第一，发动机转速。随转速增加，压缩过程所用时间缩短，散热及漏气损失减少，压缩终了混合气的温度和压力较高，使曲轴转角的着火落后期增长。因此，在转速增加时，应自动增大点火提前角，以保证燃烧过程在上止点附近完成。

第二，发动机负荷。转速一定时，随负荷减小，进入气缸的新鲜混合气量减少，而残余废气量基本不变，使残余废气所占比例相对增加，残余废气对燃烧反应起阻碍作用，使燃烧速度减慢，为保证燃烧过程在上止点附近完成，需增大点火提前角。

三、 点火系统的分类

1. 传统点火系统

传统点火系统中的断电器触点开闭控制点火线圈一次侧电流通断，其基本组成如图 5-1-1 所示，传统点火系统目前已经淘汰。

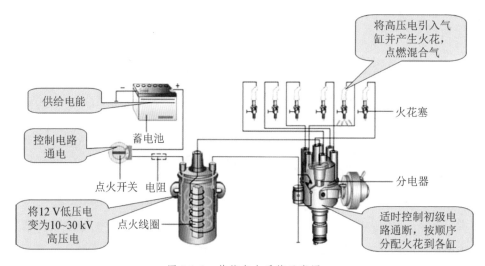

图 5-1-1　传统点火系统示意图

2. 电子点火系统

电子点火系统中的大功率三极管控制点火线圈一次侧电流通断，其基本组成如图 5-1-2 所示，电子点火系统目前已经被淘汰。

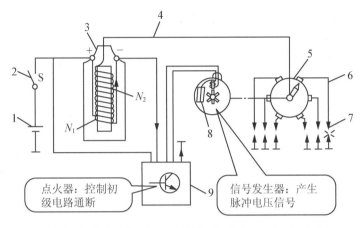

1—电源　2—点火开关　3—点火线圈　4—中央高压线　5—分电器

6—分缸高压线　7—火花塞　8—信号发生器　9—点火控制器

图 5-1-2　电子点火系统示意图

3. 电控点火系统

在电控点火系统中，由电子控制单元(电控单元，ECU)控制点火线圈一次侧电流通断。该系统目前应用广泛。

电控点火系统根据有无分电器分类又分为以下两类：

(1)非直接点火系统(有分电器点火系统)，如图 5-1-3 所示。

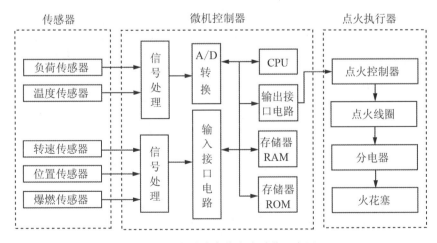

图 5-1-3　电控非直接点火系统示意图

（2）直接点火系统（无分电器点火系统），如图 5-1-4 所示。

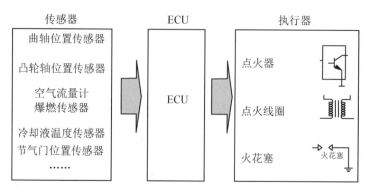

图 5-1-4　电控直接点火系统示意图

现在汽车全部使用电控直接点火系统，与电控发动机相匹配。因此，在本项目学习过程中主要介绍电控直接点火系统。

活动一：结合上面所学，判断某一车型的点火系统的类型，并在整车上找到各组成部分。

四、电控直接点火系统的基本组成

电控直接点火系统主要由电源、传感器、电控单元、点火线圈、点火器和火花塞等组成。下面以丰田卡罗拉 IZR-FE 发动机点火系统为例进行介绍（图 5-1-5）。

1. 传感器

传感器用来不断地检测与点火有关的发动机工作状况信息，并将检测结果输入电控单元，作为运算和控制点火时刻的依据。不同车型使用的传感器类型、数量、结构及安装位置不同，但其作用大同小异。电控直接点火系统中所用的传感器主要有表 5-1-1 中所列的几种。

表 5-1-1　电控直接点火系统中各传感器的作用

传感器	作用
曲轴位置传感器	检测曲轴角度（发动机转速信号）
凸轮轴位置传感器	检测曲轴基准位置（一缸活塞压缩行程上止点位置信号）
空气流量计	检测进气量
爆震传感器	检测爆震信号
冷却液温度传感器	检测冷却液温度传感器信号
氧传感器	检测混合气浓稀信号
节气门位置传感器	检测节气门的开度和加速信号

续表

传感器	作用
车速传感器	检测车速信号
空调开关	检测空调是开还是关信号
进气温度传感器	检测进气温度信号
点火开关	检测点火状态还是起动状态信号

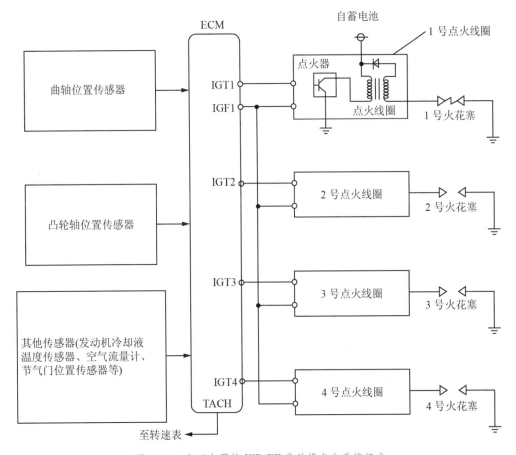

图 5-1-5　丰田卡罗拉 IZR-FE 发动机点火系统组成

活动二： 在整车上找到上述传感器。

2. 电控单元

电控单元的作用是根据发动机传感器的输入信息及内存数据，进行运算、处理、判断，然后输出指令（信号），控制执行器的动作，达到快速、准确控制发动机的工作目的。

电控单元的基本构成如图 5-1-6 所示，它包括输入回路、输出回路、A/D 转换器、微型计算机以及电源电路、备用电路等。

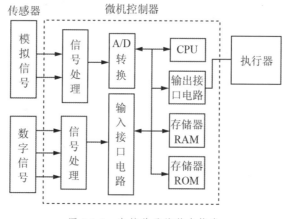

图 5-1-6　电控单元的基本构成

3. 点火器

点火器是综合控制的执行器之一，点火器的作用是根据 ECU 的指令，通过内部大功率三极管的导通和截止，控制初级电路的通断，完成点火工作。

提示：不同发动机的点火器结构不同，有的点火器除接通、切断初级电路的功能外，还有恒流控制、闭合角控制、气缸判别、点火监视等功能。有的发动机不设点火器，控制初级电路的大功率三极管设在控制器内部。

➤ 拓展知识

三极管除了具有放大特性外，在汽车上常用的是其开关特性。三极管的开关特性具有两种状态：导通和截止，相当于 ON 和 OFF。三极管的导通和截止取决于基极有没有电流通过。

①导通（ON）：$I_B \neq 0$，三极管基极有电流通过，达到其导通电流，三极管导通。

②截止（OFF）：$I_B = 0$，三极管基极无电流通过，三极管截止。

4. 点火线圈

（1）组成和作用。

点火线圈主要由初级线圈、次级线圈和铁心等组成。在点火系统中，利用点火线圈将低压电（12 V）变为几千伏甚至几万伏的高压电，使火花塞产生电火花。

（2）分类。

点火线圈按铁心形状不同分为开磁路式（图 5-1-7）和闭磁路式（图 5-1-8 和图 5-1-9）。与电控点火系统所匹配的点火线圈为专用高能点火线圈，一般采用闭磁路式，能量损失小，对外电磁干扰小。

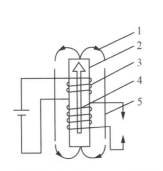

1—磁力线　2—铁心　3—初级绕组

4—次级绕组　5—导磁钢套

图 5-1-7　开磁路点火线圈的磁路

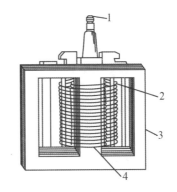

1—中央高压线接线柱　2—次级绕组

3—铁心　4—初级绕组

图 5-1-8　闭磁路点火线圈的结构

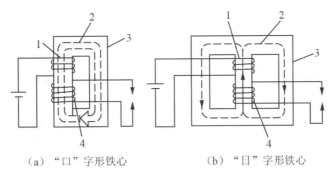

（a）"口"字形铁心　　　（b）"日"字形铁心

1—初级绕组　2—磁力线　3—铁心　4—次级绕组

图 5-1-9　闭磁路点火线圈的磁路

（3）工作原理。

点火线圈之所以能将车上的低压电变成高压电，是由于其有与普通变压器相同的形式，初级线圈与次级线圈的匝数比大，如图 5-1-10 所示。但点火线圈工作方式却与普通变压器不一样，普通变压器是连续工作的，而点火线圈是断续工作

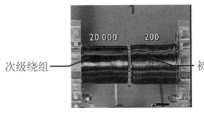

图 5-1-10　点火线圈匝数

的，它根据发动机不同的转速以不同的频率反复进行储能及放能。

当初级线圈接通电源时，随着电流的增长，四周产生一个很强的磁场，铁心储存了磁场能；当开关装置使初级线圈电路断开时，初级线圈的磁场迅速衰减，次级线圈就会感应出很高的电压。初级线圈的磁场消失速度越快，断开瞬间的电流越大，两个线圈的匝数比越大，次级线圈感应出来的电压越高。

5. 火花塞

（1）作用。

将高压电引入燃烧室，产生电火花，点燃混合气。

（2）对火花塞的要求。

①必须有足够的机械强度；

②应有足够的绝缘强度，能承受高压；

③不但耐高温，而且能承受温度剧变，不出现局部过冷或过热现象；

④要耐腐蚀；

⑤要有合适的电极间隙；

⑥安装位置要合适，以保证有合理的着火点；

⑦气密性要好，以保证燃烧室不漏气。

（3）火花塞的结构。

火花塞主要由接触头、陶瓷绝缘体、中心电极、侧电极和壳体等部分组成，如图 5-1-11 所示。

（4）火花塞的热特性。

在某一种发动机运转的全工况中，若火花塞绝缘体裙部能保持在自净温度和上限温度之间，则火花塞对该发动机是适应的，超过此温度范围，火花塞将失去功能。这种性能称为火花塞的"热特性"，一般用"热值"来表示火花塞的热特性。

热值的定性描述分为"冷型"和"热型"。热值数字越高，表明火花塞越冷。冷型与热型火花塞的特点及适用场合见表 5-1-2，其结构区别如图 5-1-12 所示。

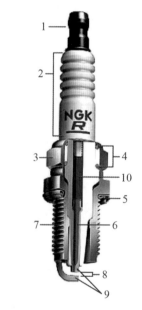

1—接线螺母　2—高氧化铝陶瓷绝缘体
3—钢质壳体(六角形)　4—内垫圈(密封导热)
5—密封垫圈　6—中心电极导电杆
7—火花塞裙部螺纹　8—电极间隙
9—中心电极和侧电极　10—去干扰电阻
图 5-1-11　火花塞的结构

表 5-1-2　冷型与热型火花塞的特点及适用场合

火花塞类型	特点	适用场合
冷型	裙部较短，吸热少，散热易，温度低	适用于大功率、高压缩比、高转速的发动机
热型	裙部较长，吸热多，散热难，温度高	适用于小功率、转速和压缩比较低的发动机

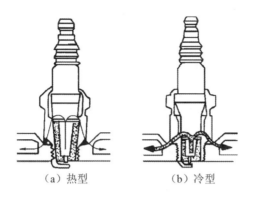

（a）热型　　　　（b）冷型

图 5-1-12　冷型和热型火花塞

提示：热值代号 1，2，3 为热型火花塞；

热值代号 4，5，6 为中型火花塞；

热值代号 7，8，9，10，11 为冷型火花塞。

（5）火花塞的类型。

火花塞大体上有如图 5-1-13 所示的几种类型：

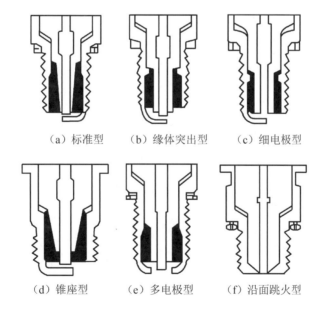

（a）标准型　　　（b）缘体突出型　　　（c）细电极型

（d）锥座型　　　（e）多电极型　　　（f）沿面跳火型

图 5-1-13　火花塞的类型

①标准型火花塞。其绝缘体裙部略缩入壳体端面，侧电极在壳体端面以外，是使用最广泛的一种。

②缘体突出型火花塞。绝缘体裙部较长，突出于壳体端面以外。它具有吸热量大、抗污

能力好等优点，且能直接受到进气的冷却而降低温度，因而也不易引起炽热点火，故适应范围广。

③细电极型火花塞。其电极很细，特点是火花强烈、点火能力好，在严寒季节也能保证发动机迅速可靠地起动，热范围较宽，能满足多种用途。

④锥座型火花塞。其壳体和旋入螺纹制成锥形，因此不用垫圈即可保持密封良好，从而缩小火花塞体积，对发动机的设计更为有利。

⑤多电极型火花塞。侧电极一般为两个或两个以上，优点是点火可靠、间隙不需经常调整，故在电极容易烧蚀和火花塞间隙不能经常调节的一些汽油机上常常使用。

⑥沿面跳火型火花塞。即沿面间隙型，它是一种最冷型的火花塞，其中心电极与壳体端面之间的间隙是同心的。

（6）火花塞间隙。

传统点火系统的火花塞间隙一般为 0.6～0.8 mm，现在电控点火系统的火花塞间隙一般为 1.0～1.2 mm，如图 5-1-14 所示。火花塞的间隙可用厚薄规进行测量。

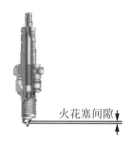

图 5-1-14　火花塞间隙

五、 电控直接点火系统的工作原理

如图 5-1-15 所示，电控直接点火系统的工作原理可归纳为以下三步：

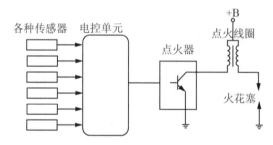

图 5-1-15　电控直接点火系统的工作原理示意图

(1)初级线圈通电。各种传感器把检测的信号传递给电控单元，电控单元经过分析，当该缸不需要点火时，则给点火器的基极加高电平的电($I_B \neq 0$)，点火器(三极管)导通，初级线圈通电，无次级高压。

(2)初级线圈断电，次级线圈产生高压电。当该缸要点火时，电控单元经过计算、分析得出最佳的点火提前角，控制点火器基极，给点火器基极加低电平($I_B = 0$)，点火器(三极管)截止，初级线圈断电，在此瞬间次级线圈产生高压电。

（3）高压电击穿火花塞间隙，点燃可燃混合气。

六、　典型车型电控直接点火系统分析

以丰田卡罗拉车型为例，系统分析其点火系统的控制原理，如图 5-1-16 所示。

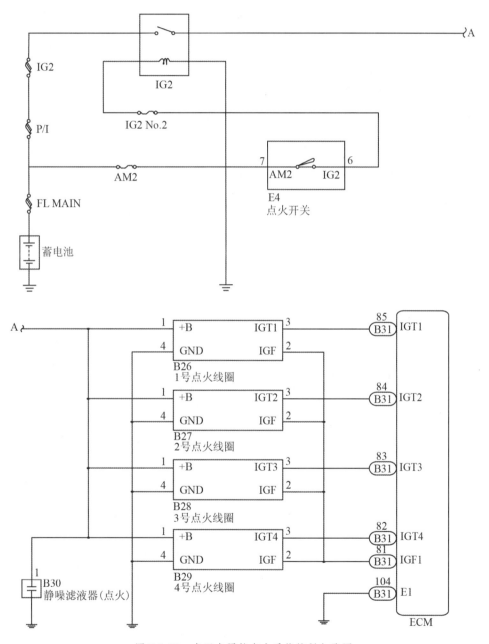

图 5-1-16　丰田卡罗拉点火系统控制电路图

本车使用直接点火系统（DIS）。DIS 是单缸点火系统，其中每一个气缸由一个点火线圈点火，火花塞连接在各个次级线圈的末端。次级线圈中产生的高电压直接作用到各个火花塞上。火花塞产生的火花通过中央电极到达搭铁电极。

结合图 5-1-16，以点火线圈为中心，该点火系统的控制电路的连接见表 5-1-3。电源系统给点火线圈 1 通电，通过各传感器把检测的信号传递给电子控制单元（ECM），ECM 确定点火正时并向每个气缸发送点火控制信号（IGT）。ECM 根据 IGT 接通或关闭点火器内的功率晶体管（三极管）的电源，功率晶体管进而接通或断开流向初级线圈的电流。当初级线圈中的电流被切断时，次级线圈中产生高压，此高压被施加到火花塞上并使其在气缸内部产生火花。一旦 ECM 切断初级线圈电流，点火器会将点火反馈信号（IGF）发送回 ECM，用于各气缸点火。

表 5-1-3　丰田卡罗拉点火线圈控制电路的连接

点火线圈端子号	连接电路
1	接电源电路
2	接 ECM 的 IGF 信号
3	接 ECM 的 IGT 信号
4	接地

➜ 知识拓展

1. 点火控制信号——IGT

IGT 实际上就是点火器中功率晶体管的通断控制信号，它是 ECU 输出到点火组件的点火命令信号，也是点火组件计算闭合角的基准信号。IGT 信号输出后，在活塞位置达到存储器所记忆的最佳点火时间时，IGT 信号消失，也就是发出了点火指令。

2. 点火反馈信号——IGF

当点火成功后给 ECU 的一个信号。若 ECU 接收不到此信号，则立即停止该缸喷油，该缸不工作。

注意：并非所有车都有点火反馈信号，可根据车型电路图判断该车型是否有此信号。

➜ 任务实施

1. 任务准备

（1）工作场景：丰田卡罗拉教学用车。

（2）主要设备：丰田卡罗拉教学用车、工具车、工作台。

（3）辅助材料：翼子板布和前格栅布、三件套、抹布、手套、车轮挡块、挂历白纸、白板笔、卡片纸、喷胶。

2. 实施步骤（表5-1-4）

表 5-1-4　火花塞的更换

作业内容	图解	技术规范
1. 车辆的基本防护和安全检查		**技术要求** 1. 安装车轮挡块，车轮挡块可放置在任意车轮的前后 2. 安装尾排 3. 安装驾驶室三件套（脚垫、座椅套和转向盘套） 4. 检查档位，变速杆应置于P位；检查驻车制动器，手柄应拉紧
2. 断开蓄电池负极		**技术要求** 用相应规格的扳手旋松蓄电池负极导线紧固螺栓，取下蓄电池负极
3. 拆下点火线圈连接器		**技术要求** 用手解除连接器的闭锁装置，拆下连接器

续表

作业内容	图解	技术规范
4. 拆下点火线圈固定螺栓		**技术要求** 用相应型号的套筒拆下点火线圈固定螺栓
5. 取出点火线圈		**技术要求** 用双手拿住点火线圈，稍微用力往上抬，取出点火线圈
6. 取出火花塞		**技术要求** 用(对应规格)专用工具旋松火花塞，从而取出火花塞
7. 火花塞跳火试验		**技术要求** 1. 将点火线圈的插接器连接好 2. 将火花塞连接到点火线圈上 3. 起动汽车，观察火花塞的跳火情况 **安全警告** 1. 做跳火试验时，应保持发动机表面清洁，尤其是发动机上应该无机油滴漏在其表面

续表

作业内容	图解	技术规范
7. 火花塞跳火试验		2. 所用的火花塞不是该缸的火花塞时，需准备一个完好的火花塞 3. 通过观察火花塞的跳火，可判断点火系统是否有故障。若火花塞跳火情况良好，表明电路部分工作正常，否则电路部分有故障
8. 5S 工作		**技术要求** 1. 依次收起转向盘套、座椅套和地板垫 2. 丢弃无法二次使用的转向盘套、座椅套和地板垫等废弃物。能二次使用的转向盘套、座椅套和地板垫应叠放整齐，放回原位 3. 收起尾排装置 4. 收回车轮挡块 5. 清洁车身、地面等 6. 整理车间，关闭用电设备开关

M任务2 点火系统的检修

任 务 目 标

完成本学习任务后，你应当：

(1)能说出爆震传感器、点火模块的功用及结构；

(2)能分析爆震传感器、点火模块的控制电路；

(3)能进行点火模块的检修；

(4)能说出爆震传感器损坏对汽车和环境造成的危害。

建议完成本学习任务用8学时。

➔ 相关知识

一、 爆震传感器的检修

1. 爆震传感器的功用

爆震是指燃烧室内的终燃混合气产生自燃的不正常现象，由于爆燃会产生高强度的压力波冲击燃烧室，所以不仅会发出尖锐的金属声，还会对发动机的部件产生较大的影响。点火时间过早是产生爆震的主要原因。为了使发动机以最大功率运行，最好能把点火时间提前到发动机刚好不至于发生爆震的范围内，所以必须在点火系统中增设爆震传感器(图5-2-1)。它的功用是检测发动机有无爆震现象，并将信号送入发动机 ECU，以便较好控制点火时刻(图5-2-2)，防止爆震。有爆震则推迟点火时刻，无爆震则提前点火时刻，使点火时刻在任何工况都保持最佳，如图5-2-3所示。

图 5-2-1　爆震传感器

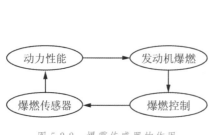

图 5-2-2　爆震传感器的作用

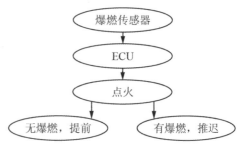

图 5-2-3　爆震控制原理图

2. 爆震传感器的结构及工作原理

（1）磁致伸缩式爆震传感器。

磁致伸缩式爆震传感器的结构如图 5-2-4 所示，内部有永久磁铁、靠永久磁铁激磁的强磁性铁心以及线圈（铁心周围）。其工作原理是：当发动机的气缸体出现振动时，该传感器在 7 kHz 左右处与发动机产生共振，强磁性材料铁心的磁导率发生变化，致使永久磁铁穿心的磁通密度也变化，从而在铁心周围的线圈中产生感应电动势，并将这一电信号输入 ECU。

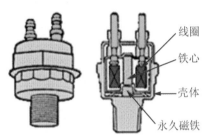

图 5-2-4　磁致伸缩式爆震传感器

（2）压电式爆震传感器。

压电式爆震传感器的结构如图 5-2-5 所示。这种传感器利用结晶或陶瓷多晶体的压电效应来工作，也有利用掺杂硅的压电电阻效应来工作的，该传感器的外壳内装有压电元件、配重块及引线等。其工作原理是：当发动机的气缸体的振动传递到传感器外壳上时，外壳与配重块之间产生相对运动，夹在这两者之间的压电元件所受的压力发生变化，从而产生电压。ECU 检测出该电压，并根据其值的大小判断爆震强度。其检测顺序为：发动机振动—传感器振动—压电元件输出信号电压。

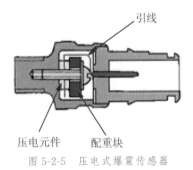

图 5-2-5　压电式爆震传感器

3. 爆震传感器的控制电路

以丰田卡罗拉的爆震传感器为例进行分析，该车型的爆震传感器安装在发动机缸体上，采用的是压电式爆震传感器，其控制电路如图 5-2-6 所示。该传感器共有两个接线端：1 端接地（EKNK）；2 端接 ECM。爆震传感器把检测的各缸爆震信号传递给 ECM，ECM 经过分析、计算，从而判断是否产生爆震，并适当调整点火提前角，使发动机功率达到最大。

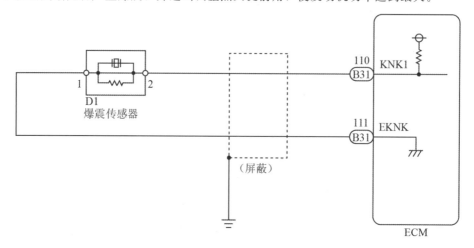

图 5-2-6　丰田卡罗拉爆震传感器控制电路

思考：爆震对发动机是一种非常有害的现象，车内车外基本都能闻到严重的怪味，有时一辆车的污染可以相当于正常状态下 200 多辆车造成的污染，不仅严重影响驾乘人员健康，对生态环境也会造成一定的污染，与二十大提出建设美丽中国目标相悖。请课后查询资料，找出爆震传感器故障后具体的危害。

任务实施 1

1. 任务准备

（1）工作场景：理实一体教室、丰田卡罗拉教学用车。

（2）主要设备：丰田卡罗拉教学用车、万用表、工具车、工作台、KT600 诊断仪、世达工具（图 5-2-7）、多媒体设备。

图 5-2-7　准备的工具

（3）辅助材料：翼子板布和前格栅布、三件套、抹布、手套、车轮挡块、挂历白纸、白板笔、卡片纸、喷胶。

2. 实施步骤（表 5-2-1）

表 5-2-1　爆震传感器的检修

作业内容	图解	技术规范
1. 车辆的基本防护和安全检查		技术要求 　1. 安装车轮挡块，车轮挡块可放置在任意车轮的前后 　2. 安装尾排 　3. 安装驾驶室三件套（脚垫、座椅套和转向盘套） 　4. 检查档位，变速杆置于 P 位；检查驻车制动器，手柄应拉紧
2. 连接诊断器		技术要求 关闭点火开关，将诊断仪连接到 DLC3 安全警告 　连接诊断仪时，点火开关应处于 OFF 状态
3. 读取故障码		技术要求 　1. 起动发动机，并打开检测仪 　2. 使发动机暖机 　3. 选择以下菜单项：Powertrain→Engine and ECT→Data List→Knock Feedback Value 　4. 驾驶车辆时，读取检测仪上显示的值。 正常：数值变化 表格： 未出现故障 / 爆震反馈值改变 出现故障 / 爆震反馈值未改变

作业内容	图解	技术规范
4. 检查 ECM（KNK1 电压）	线速连接器前视图：（至爆震传感器） D1 1 2	**技术要求** 1. 断开爆震传感器连接器 2. 将点火开关置于 ON 位置 3. 根据下表中的值测量电压 检测仪连接 / 开关状态 / 规定状态 D1-2—D1-1 / 点火开关置于 ON 位置 / 4.5～5.5 V 正常：检查爆震传感器本身 异常：检查传感器电路
5. 检查爆震传感器	没有线束连接的零部件：（爆震传感器） Ω 欧姆表 （－）（＋）	**技术要求** 1. 拆下爆震传感器 2. 根据下表中的值测量电阻 检测仪连接 / 条件 / 规定状态 2－1 / 20 ℃（68 ℉） / 120～280 kΩ 正常：更换 ECM 异常：更换爆震传感器
6. 检查线束和连接器（ECM—爆震传感器）	线束连接器前视图：（至爆震传感器） D1 1 2 结束连接器前视图：（至 ECM） B31 KNK1 EKNK	**技术要求** 1. 断开爆震传感器连接器 2. 断开 ECM 连接器 3. 根据下表中的值测量电阻 标准电阻（断路检查） 检测仪连接 / 条件 / 规定状态 D1-2—B31-110（KNK1） / 始终 / 小于 1 Ω D1-1—B31-111（EKNK） / 始终 / 小于 1 Ω

续表

作业内容	图解	技术规范
6. 检查线束和连接器（ECM—爆震传感器）		标准电阻（短路经检查） | 检测仪连接	条件	规定状态 | |---|---|---| | D1-2 或 B31-110（KNK1）—车身搭铁 | 始终 | 10 kΩ 或更大 | | D1-1 或 B31-111（EKNK）—车身搭铁 | 始终 | 10 kΩ 或更大 | 正常：更换 ECM 异常：维修或更换线束或连接器（ECM—爆震传感器） **安全警告** 断开 ECM 连接器时，必须先断开蓄电池负极
7. 检测爆震传感器信号电压波形	KNK1信号波形 1 V/格 ◄ GND 1 ms/格	**技术要求** | 项目	内容 | |---|---| | 端子 | KNK1—EKNK | | 设备设置 | 1 V/格 1 ms/格 | | 条件 | 发动机暖机后，将其转速保持在 4 000 r/min |
8.5S 工作		**技术要求** 1. 依次收起转向盘套、座椅套和地板垫 2. 丢弃无法二次使用的转向盘套、座椅套和地板垫等废弃物。能二次使用的转向盘套、座椅套和地板垫应叠放整齐，放回原位 3. 收起尾排装置 4. 收回车轮挡块 5. 清洁车身、地面等 6. 整理车间，关闭用电设备开关

二、 点火模块的检修

1. 点火模块的作用

点火模块主要由点火线圈和点火控制器集合而成，节省空间。以丰田卡罗拉点火模块为例，其安装位置如图5-2-8所示。

点火模块

从左往右分别是1，2，3，4缸点火模块，把点火器和点火线圈集成在一起

图 5-2-8　丰田卡罗拉点火模块的安装位置

2. 点火模块的控制电路

丰田卡罗拉点火系统为单缸直接点火，四缸各对应一个点火模块（分别是 B26、B27、B28、B29），四个点火模块控制电路相同，如图5-2-9所示。

每缸点火模块各有四根引出线：1——电源；2——点火反馈信号 IGF，接到电控单元 B31 的 81 号端子上；3——点火控制信号——IGT1（其中 1 代表一缸的点火控制信号线，依次类推），接到电控单元 B31 的 85 号端子（四个缸的点火控制信号线单独接电控单元 B31，IGT1—B31-85，IGT2—B31-84，IGT3—B31-83，IGT4—B31-82）；4——接地。点火模块四根引出线在实物上的位置如图5-2-10所示，其端子号在插接器上有标明。电控单元 B31 在整车上的位置如图5-2-11所示。

活动： 在整车上找到电控单元 B31。

思考： 桑塔纳 2000 点火模块控制电路如图5-2-12所示。

(1)桑塔纳 2000 采用的是哪一种点火系统？

(2)该点火系统是否有点火反馈信号？

(3)试分析该点火模块的控制电路。

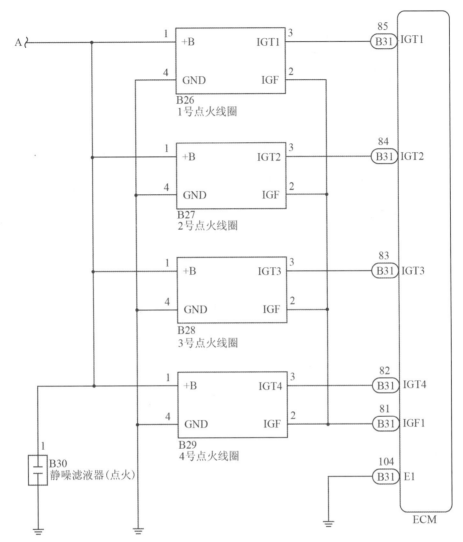

图 5-2-9　丰田卡罗拉点火模块的控制电路

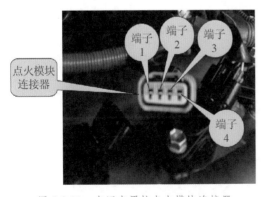

图 5-2-10　丰田卡罗拉点火模块连接器

图 5-2-11　丰田卡罗拉电控单元 B31 位置

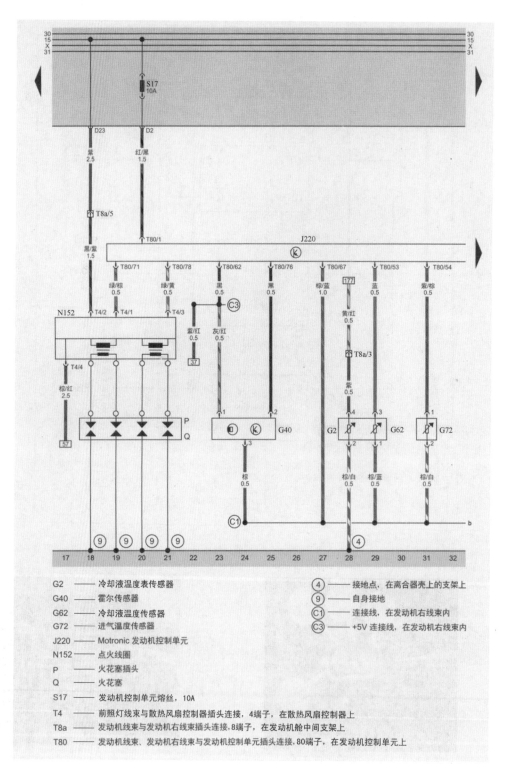

图 5-2-12　桑塔纳 2000 点火系统控制电路

G2　——　冷却液温度表传感器
G40　——　霍尔传感器
G62　——　冷却液温度传感器
G72　——　进气温度传感器
J220　——　Motronic 发动机控制单元
N152　——　点火线圈
P　——　火花塞插头
Q　——　火花塞
S17　——　发动机控制单元熔丝，10A
T4　——　前照灯线束与散热风扇控制器插头连接，4端子，在散热风扇控制器上
T8a　——　发动机线束与发动机右线束插头连接，8端子，在发动机舱中间支架上
T80　——　发动机线束、发动机右线束与发动机控制单元插头连接，80端子，在发动机控制单元上

④　——　接地点，在离合器壳上的支架上
⑨　——　自身接地
C1　——　连接线，在发动机右线束内
C3　——　+5V 连接线，在发动机右线束内

任务实施 2

1. 任务准备

(1)工作场景：丰田卡罗拉整车。

(2)主要设备：丰田卡罗拉教学用车、万用表、工具车、工作台、KT600 诊断仪、世达工具(图 5-2-13)、多媒体设备。

(3)辅助材料：翼子板布和前格栅布、三件套、抹布、手套、车轮挡块、挂历白纸、白板笔、卡片纸、喷胶。

图 5-2-13　准备的工具

2. 实施步骤(表 5-2-2)

表 5-2-2　点火模块的检修

作业内容	图解	技术规范
1. 车辆的基本防护和安全检查		**技术要求** 　1. 安装车轮挡块，车轮挡块可放置在任意车轮的前后 2. 安装尾排 3. 安装驾驶室三件套(脚垫、座椅套和方向盘套) 4. 检查档位，变速杆应置于 P 位；检查驻车制动器，手柄应拉紧
2. 连接诊断仪		**技术要求** 　关闭点火开关，将诊断仪连接到 DLC3 **安全警告** 　连接检测仪时，点火开关应处于 OFF 状态

续表

作业内容	图解	技术规范
3. 使用智能检测仪读取故障码		**技术要求** 1. 点火开关置于 ON 位置 2. 打开检测仪，进入以下菜单项：Powertrain/Engine and ECT/DTC 3. 读取故障码 结果 / 检查内容表见下

结果	检查内容
输出一个故障码	检查某缸点火线圈
输出两个或两个以上的故障码	检查总的电源电路或搭铁电路

作业内容	图解	技术规范
4. 切断电源		**技术要求** 用开口扳手旋松蓄电池夹箍，切断负极线
5. 拔下点火线圈插接器		**技术要求** 用手轻轻拔下点火线圈插接器 **易发问题** 没有按住卡扣就直接往外拔，损坏插接器
6. 取下点火线圈		**技术要求** 1. 用开口扳手旋松固定螺栓 2. 用手轻轻取出点火线圈

作业内容	图解	技术规范
7. 检查线束和连接器（点火线圈总成—ECM）	结束连接器前视图：（至点火线圈总成） B26 B27 B28 B29 1 2 3 4 IGF 结束连接器前视图：（至ECM） B31 IGF1 断路检查	**技术要求** 1. 断开点火线圈总成连接器 2. 断开 ECM 连接器 3. 根据下表中的值测量电阻 标准电阻（断路检查） 详见下表 标准电阻（短路检查） 详见下表

标准电阻（断路检查）

检测仪连接	条件	规定状态
B26－2(IGF) —B31－81(IFF1)	始终	小于 1Ω
B27－2(IGF) —B31－81 (IFF1)	始终	小于 1Ω
B28－2(IGF) —B31－81 (IFF1)	始终	小于 1Ω
B29－2(IGF) —B31－81 (IFF1)	始终	小于 1Ω

标准电阻（短路检查）

检测仪连接	条件	规定状态
B26－2(IGF) 或 B31－81 (IFF1)—车身搭铁	始终	10KΩ 或更大
B27－2(IGF) 或 B31－81 (IFF1)—车身搭铁	始终	10KΩ 或更大
B28－2(IGF) 或 B31－81 (IFF1)—车身搭铁	始终	10KΩ 或更大
B29－2(IGF) 或 B31－81 (IFF1)—车身搭铁	始终	10KΩ 或更大

作业内容	图解	技术规范
8. 检查线束和连接器（点火线圈总成—ECM）	 短路检查 结束连接器前视图：（至点火线圈总成） IGT1 IGT2 IGT3 IGT4 线束连接器前视图：（至ECM） B31 IGT4 IGT3 IGT2 IGT1 	技术要求 正常：检查 IGT 信号电路 异常：维修或更换线束或连接器（点火线圈总成—ECM） 安全警告 1. 在做本步骤前，应把上一步骤打开的点火开关置于 OFF 位置 2. 断开 ECM 连接器时，应先断开蓄电池负极 技术要求 1. 断开点火线圈总成连接器 2. 断开 ECM 连接器 3. 根据下表中的值测量电阻 标准电阻（断路检查） <table><tr><th>检测仪连接</th><th>条件</th><th>规定状态</th></tr><tr><td>B26－3（IGT1） —B31－85 （IFT1）</td><td>始终</td><td>小于 1Ω</td></tr><tr><td>B27－3（IGT1） —B31－84 （IFT1）</td><td>始终</td><td>小于 1Ω</td></tr><tr><td>B28－3（IGT1） —B31－83 （IFT1）</td><td>始终</td><td>小于 1Ω</td></tr><tr><td>B29－3（IGT1） —B31－82 （IFT1）</td><td>始终</td><td>小于 1Ω</td></tr></table>

续表

作业内容	图解	技术规范
8. 检查线束和连接器（点火线圈总成—ECM）	 断路检查 短路检查	标准电阻（断路检查） 正常：更换 ECM 异常：维修或更换线束或连接器 　　　（点火线圈总成—ECM）

标准电阻（断路检查）

检测仪连接	条件	规定状态
B26－3（IGT1）或 B31－85（IFT1）—车身搭铁	始终	10KΩ 或更大
B27－3（IGT1）或 B31－84（IFT1）—车身搭铁	始终	10KΩ 或更大
B28－3（IGT1）或 B31－83（IFT1）—车身搭铁	始终	10KΩ 或更大
B29－3（IGT1）或 B31－82（IFT1）—车身搭铁	始终	10KΩ 或更大

正常：更换 ECM
异常：维修或更换线束或连接器
　　　（点火线圈总成—ECM）

续表

作业内容	图解	技术规范
9. 检查线束和连接器（点火线圈总成—车身搭铁）	线束连接器前视图：（至点火线圈总成） 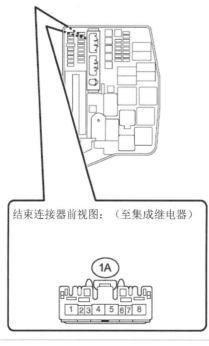GND (-)	**技术要求** 1. 断开点火线圈总成连接器 2. 根据下表中的值测量电阻 标准电阻（断路检查） 检测仪连接 / 条件 / 规定状态 B26—4(GND)—车身搭铁 / 始终 / 小于1Ω B27—4(GND)—车身搭铁 / 始终 / 小于1Ω B28—4(GND)—车身搭铁 / 始终 / 小于1Ω B29—4(GND)—车身搭铁 / 始终 / 小于1Ω 正常：检查总电源电路 异常：维修或更换线束或连接器（点火线圈总成—车身搭铁）

技术规范栏（第9项表格）：

检测仪连接	条件	规定状态
B26—4(GND)—车身搭铁	始终	小于1Ω
B27—4(GND)—车身搭铁	始终	小于1Ω
B28—4(GND)—车身搭铁	始终	小于1Ω
B29—4(GND)—车身搭铁	始终	小于1Ω

10. 检查线束和连接器[点火线圈总成—集成继电器（IG2继电器）]

发动机室继电器盒：

结束连接器前视图：（至集成继电器）

1A

技术要求

1. 断开点火线圈总成连接器

2. 从发动机室继电器盒上拆下集成继电器

3. 断开集成继电器连接器

4. 根据下表中的值测量电阻 标准电阻（断路检查）

检测仪连接	条件	规定状态
B26—1(+B)—1A—4	始终	小于1Ω
B27—1(+B)—1A—4	始终	小于1Ω
B28—1(+B)—1A—4	始终	小于1Ω
B29—1(+B)—1A—4	始终	小于1Ω

续表

作业内容	图解	技术规范
10. 检查线束和连接器〔点火线圈总成—集成继电器(IG2继电器)〕	结束连接器前视图：（至点火线圈总成） B26 B27 B28 B29 1 2 3 4 +B	标准电阻（短路检查） **检测仪连接** ｜ **条件** ｜ **规定状态** B26－1(＋B)或 1A－4—车身搭铁 ｜ 始终 ｜ 10KΩ 或更大 B27－1(＋B)或 1A－4—车身搭铁 ｜ 始终 ｜ 10KΩ 或更大 B28－1(＋B)或 1A－4—车身搭铁 ｜ 始终 ｜ 10KΩ 或更大 B29－1(＋B)或 1A－4—车身搭铁 ｜ 始终 ｜ 10KΩ 或更大 正常：检查 ECM 电源电路 异常：维修或更换线束或连接器（点火线圈总成—集成继电器(IG2继电器)
11. 检测点火器 IGT 信号波形	2V/格 CH1(IGT1至4) ← GND CH2(IGF1) ← GND 20 ms/格 波形检测的线路连接	**技术要求** 点火器 IGT 信号（从 ECM 到点火器） **ECM 端子名称** ｜ IGT(1～4)和 E1 之间 IGF1 和 E1 之间 **检测仪量程** ｜ 2V/格，20ms/格 **条件** ｜ 怠速运转时 **特别提醒** 波长随发动机转速的增加而变短

作业内容	图解	技术规范
12.5S 工作		**技术要求** 1. 依次收起翼子板布和前格栅布，放回原位 2. 收回车轮挡块 3. 清洁车身、地面等 4. 整理车间，关闭用电设备开关

项目 **6** PROJECT

汽车照明、信号、报警及仪表系统构造与维修

项 目 概 述

汽车照明、信号、报警及仪表系统是汽车电气系统的重要组成部分，其性能的好坏、故障与否会对汽车的正常使用和行车安全产生直接影响。熟悉汽车照明、信号、报警及仪表系统的组成和工作原理，是从事汽车维修的工作人员所必须具备的基础。

本项目包含四个基本学习任务：任务1——照明系统的检修；任务2——信号系统的检修；任务3——报警系统的检修；任务4——组合仪表的更换。

通过本项目的学习，要在知识、技能、行为习惯、职业素养等方面达到以下相关要求。

序号	学习内容（知识、技能、行为习惯、职业素养等）	评价标准			
		了解、知道	理解、掌握	指导下操作	独立操作
1	安全、规范的操作				√
2	工作、学习环境整洁有序				√
3	执行5S现场管理				√
4	合作学习、积极思考				√
5	工具的正确选择和使用				√
6	照明系统的功用和组成		√		
7	照明系统在实车上的位置				√
8	照明系统的功能检查				√
9	照明系统控制电路的分析		√		
10	照明系统的检修				√
11	信号系统的功用和组成		√		

续表

序号	学习内容（知识、技能、行为习惯、职业素养等）	评价标准			
		了解、知道	理解、掌握	指导下操作	独立操作
12	信号系统的功能检查				√
13	信号系统控制电路的分析		√		
14	信号系统的检修				√
15	报警系统的功用和组成		√		
16	报警图形符号的识读		√		
17	报警系统控制电路的分析		√		
18	信号系统的检修				√
19	组合仪表的功用和组成		√		
20	组合仪表的更换				√

 照明系统的检修

建议完成本学习任务用 6 学时。

● 相关知识 ─────────────────────────

一、汽车照明系统的组成和功用

汽车照明系统主要用于夜间行车照明、车厢照明、仪表照明及检修照明等。照明系统由照明设备、电源和线路(包括控制开关)组成。控制部分包括各种灯光开关、继电器等。照明设备包括外部灯、内部灯和工作照明灯。外部灯包括前照灯、雾灯、牌照灯等；内部灯包括仪表灯、顶灯、阅读灯等；工作照明灯包括行李舱灯、发动机罩灯等。

活动一：结合实车，找到上述各种灯，并正确说出各种灯的名称。

二、前照灯

前照灯也称大灯，安装于汽车头部两侧，如图 6-1-1 所示，主要用于夜间行车时为道路照明，它包括近光灯和远光灯。现代汽车使用的前照灯按其结构特点可以分为全封闭式和半封闭式两种类型。

1. 前照灯的基本要求

由于汽车前照灯的照明效果对夜间行车安全影响很大，所以世界各国多以法律的形式规定了

图 6-1-1 汽车前照灯

139

前照灯的照明标准。

(1)前照灯应保证明亮而均匀地照明，使驾驶人能看清车前 100 m 内路面上的物体。随着车速增高，照明距离应达到 200 m。

(2)前照灯应具备防炫目的功能。

2. 前照灯的组成

(1)灯泡。目前汽车前照灯的灯泡有三种，即充气灯泡、卤钨灯泡、LED 灯泡，其构造如图 6-1-2 所示。

（a）充气灯泡　　　　　　（b）卤钨灯泡　　　　　　（c）LED灯泡

图 6-1-2　前照灯的灯泡分类

根据灯丝数量的不同分类，汽车前照灯的灯泡又可分为单丝灯泡和双丝灯泡两种，如图 6-1-3 和图 6-1-4 所示。

图 6-1-3　单丝灯泡　　　　　　图 6-1-4　双丝灯泡

活动二：结合实车，分析所用车型的前照灯灯泡的类型。

(2)反射镜(反光镜)。反射镜如图 6-1-5 所示，反射镜能最大限度地将灯泡发出的光线聚合成强光束以增加照射距离。反射镜一般用薄钢板冲压而成，其表面形状多为旋转抛物面，灯丝位于反射镜焦点处，灯丝发出的大部分光线经过反射镜的聚合变成平行光束射向前方，从而提高发光强度，如图 6-1-6 所示。

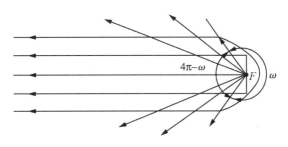

图 6-1-5　反射镜　　　　　　　　　图 6-1-6　反射镜反射光线的情况

(3)配光镜(散射玻璃)。灯泡外面的透明玻璃叫作配光镜,它是由透明玻璃压制成的棱镜和透镜的组合体。配光镜实物如图 6-1-7 所示。配光镜的作用是将反射镜反射出来的平行光束进行折射,使车前的路面有良好而均匀的照明,如图 6-1-8、图 6-1-9 所示。

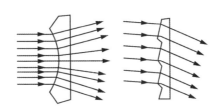

图 6-1-7　配光镜　　　　　　　图 6-1-8　配光镜的作用

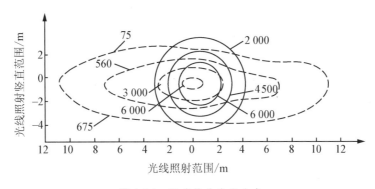

图 6-1-9　配光镜的光线分布

注:实线表示无配光镜的光线分布;虚线表示有配光镜的光线分布。

3. 前照灯的防炫目方法

(1)采用双丝灯泡。一个灯丝为远光灯丝,位于反射镜的焦点位置,射出的光线较亮且射程较远;另一个为近光灯丝,位于反射镜焦点的上方或前方,且射程较近。当对面来车时,使用近光灯,由于光线较弱,经反射后的光线大部分射向车前的下方,所以可避免对面驾驶人炫目,如图 6-1-10 所示。

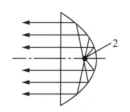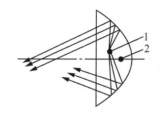

（a）远光灯双丝灯泡的光束　　　（b）近光灯双丝灯泡的光束

1—近光灯丝　2—远光灯丝

图 6-1-10　双丝灯泡的远、近光束

（2）加装配光屏。配光屏的配光方式可以分为对称式配光和非对称式配光。

①对称式配光。采用带配光屏的双丝灯泡，当使用近光灯时，配光屏能将近光灯丝射向反射镜下部的光线遮挡住，使光线无法反射，增强防炫目效果，目前这种双丝灯泡广泛使用在汽车上，如图 6-1-11 所示。

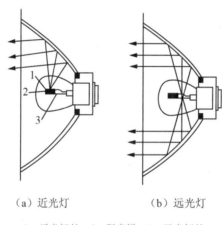

（a）近光灯　　　　　（b）远光灯

1—近光灯丝　2—配光屏　3—远光灯丝

图 6-1-11　带配光屏的双丝灯泡

②非对称式配光。远光灯丝位于反射镜焦点位置，近光灯丝位于焦点前方且稍高于轴线，下方装有配光屏。安装时将配光屏偏转一定的角度，使其近光的光形有一条明显的明暗截止线，将近光灯右侧光线倾斜升高 15°，如图 6-1-12（b）所示。若明暗截止线呈"Z"形，称为 Z 形配光，可以防止对面来车驾驶人与非机动车人员炫目。Z 形光形是目前较先进的光形，如图 6-1-12（c）所示。

4. 前照灯的类型

（1）半封闭式前照灯。半封闭式前照灯结构如图 6-1-13 所示。更换灯泡时，不能用手触摸灯泡玻璃壳部分，拿灯泡的方法如图 6-1-14 所示。

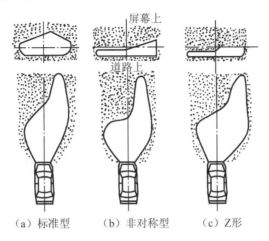

（a）标准型　　　（b）非对称型　　　（c）Z 形

图 6-1-12　前照灯配光光形

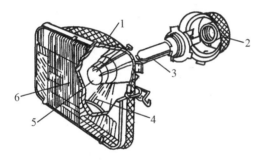

1—灯壳　2—灯泡卡盘　3—灯泡

4—反射镜　5—玻璃球面　6—配光镜

图 6-1-13　半封闭式前照灯结构

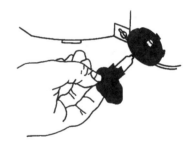

图 6-1-14　更换半封闭式前照灯灯泡的正确操作

（2）全封闭式前照灯（又叫真空灯）。反射镜的镜片为真空镀铝，其结构如图 6-1-15 所示。

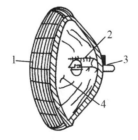

1—配光镜　2—灯丝　3—插片　4—反射镜

图 6-1-15　全封闭式前照灯结构

活动三：结合实车，分析所用车型的前照灯类型。

5. 前照灯电路

前照灯电路由灯光开关、变光开关、远光指示灯和前照灯等组成。前照灯控制电路如图 6-1-16 和图 6-1-17 所示。

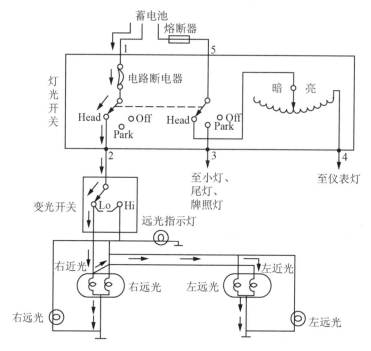

图 6-1-16   前照灯电路——变光开关在 Lo(近光)档

灯光开关可以装在仪表板上，也可装在转向柱上。灯光开关的结构原理如图 6-1-18 所示。灯光开关共有三个档位：Off——关闭档，所有的灯都不亮；Park——小灯档，这时小灯、尾灯、牌照灯、仪表灯均亮，前照灯不亮；Head——大灯档，当灯光开关打在 Head 档时，不仅前照灯(大灯)亮，小灯档位所涉及的灯都亮。

变光开关大多数安装在转向柱上，串接在前照灯电路中，当灯光开关打到 Head 档时，驾驶人可通过变光开关控制前照灯的远光和近光，如图 6-1-19 所示。变光开关共有两个档位：Lo——近光档；Hi——远光档。通过变光开关的档位变换，实现远/近光的变换，从而满足不同行车条件的需求。

活动四：结合图 6-1-16 和图 6-1-17，分析前照灯远/近光灯的控制过程。

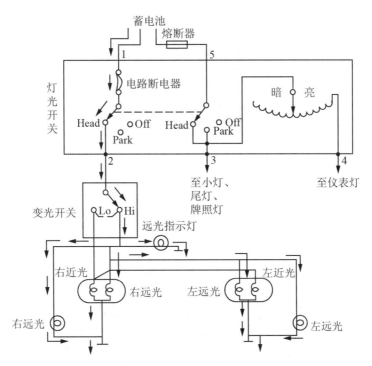

图 6-1-17　前照灯电路——变光开关在 Hi(远光)档

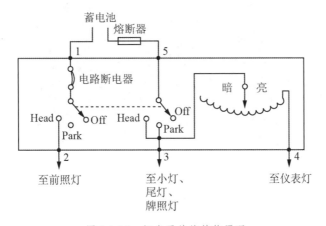

图 6-1-18　灯光开关的结构原理

三、雾灯

雾灯是在有雾、下雪、暴雨或尘土弥漫的行驶条件下使用的，是为改善照明条件，提高能见度而设置的照明设备，也可起到信号标志灯的作用，如图 6-1-20 所示。雾灯多使用穿透力强的黄色灯，

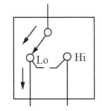

图 6-1-19　变光开关档位

145

其灯泡或配光镜为黄色的。雾灯的结构与前照灯相似。

图 6-1-20　雾灯

四、仪表灯

仪表灯主要提供仪表、车速里程表、收音机和其他控制按钮等的照明。仪表灯的电源由灯光总开关控制，如图 6-1-21 所示。

图 6-1-21　仪表灯

→ **知识拓展** ●━━━━━━━━━━━━━━━━━━━━━━━━━━━●

LED 大灯

LED 车灯是指以发光二极管（Light-Emitting Diode，LED）为光源的车灯。因为 LED 具有亮度高、颜色种类丰富、低功耗、寿命长的特点，所以被广泛应用于汽车领域。

LED 是一种能将电能转化为光能的半导体电子元件。LED 利用"注入式电致发光原理"制作而成，把电能直接转换为光能，避免了像卤素灯那样先把电能转化为热能再转化为光能，

跳过了转化为热能的那一步，电光转化效率非常高，高达 60％ 以上。因此"又亮又省电"是
LED 灯最显著的特性。

→ 任务实施 1

1. 任务准备

（1）工作场景：丰田卡罗拉教学用车。

（2）主要设备：丰田卡罗拉教学用车、工具车、工作台、多媒体设备。

（3）辅助材料：翼子板布和前格栅布、三件套、抹布、手套、车轮挡块、挂历白纸、白板
笔、卡片纸、喷胶。

2. 实施步骤（表 6-1-1）

表 6-1-1　照明系统的功能检查

作业内容	图解	技术规范
1. 车辆的基本防护和安全检查		**技术要求** 1. 安装车轮挡块，车轮挡块可放置在任意车轮的前后 2. 安装尾排 3. 安装驾驶室三件套（脚垫、座椅套和转向盘套） 4. 检查档位，变速杆应置于 P 位；检查驻车制动器，手柄应拉紧
2. 观察组合仪表警告灯		**技术要求** 将点火开关转到 ON 档位，检查所有的警告灯，如放电警告灯、故障指示灯（MIL）、油压警告灯等

续表

作业内容	图解	技术规范
3. 检查仪表板照明灯		**技术要求** 1. 将钥匙打到 ON 档位 2. 检查仪表板照明灯，看是否点亮
4. 控制开关旋至一档		**技术要求** 1. 将钥匙打到 ON 档位 2. 将控制开关旋至一档
5. 检查示宽灯		**技术要求** 1. 将控制开关打到一档 2. 检查示宽灯，看是否正常点亮
6. 检查牌照灯		**技术要求** 1. 将控制开关打到一档 2. 检查牌照灯，看是否正常点亮

续表

作业内容	图解	技术规范
7. 检查尾灯		**技术要求** 1. 将控制开关打到一档 2. 检查尾灯，看是否正常点亮
8. 检 查 近光灯		**技术要求** 1. 将灯光控制开关旋至二档 2. 检查近光灯，看是否正常点亮
9. 检 查 远光灯		**技术要求** 1. 将变光器开关向前推开 2. 检查远光灯，看是否正常点亮
10. 检 查 大灯闪光		**技术要求** 1. 把变光器开关向后拉 2. 检查大灯指示灯，看是否正常亮或闪 3. 检查闪光器

作业内容	图解	技术规范
11. 检查顶灯		**技术要求** 1. 点火开关要在 ON 档位 2. 顶灯开关置于 ON 档位时，检查顶灯，看是否正常亮 3. 置于 DOOR 的档位，打开任一车门检查顶灯，看是否正常亮，关闭车门检查是否正常灭
12. 检查阅读灯		**技术要求** 1. 点火开关要在 ON 档位 2. 顶灯开关打开时，检查顶灯，看是否正常亮，然后关闭，检查是否正常熄灭
13.5S 工作		**技术要求** 1. 依次收起转向盘套、座椅套和地板垫 2. 丢弃无法二次使用的转向盘套、座椅套和地板垫等废弃物。能二次使用的转向盘套、座椅套和地板垫应叠放整齐，放回原位 3. 收起尾排装置 4. 收回车轮挡块 5. 清洁车身、地面等 6. 整理车间，关闭用电设备开关
14. 填写工作单		**技术要求** 1. 对于完成的项目，在后面"完成确认"一栏中确认 2. 正常的打"√"，有问题的打"×" 3. 有数据记录的记录相关数据 4. 有疑问的做好相关记录

→ **任务实施 2**

1. **任务准备**

(1)工作场景：多媒体教室，雪弗兰科鲁兹教学用车(图 6-1-22)。

(2)主要设备：雪弗兰科鲁兹教学用车、成套组合工具车、多层零件车、工作台、世达工具(图 6-1-23)、十字形螺钉旋具、多媒体设备、白板、教学三脚架。

(3)辅助材料：翼子板布、前格栅布、抹布、三件套、车轮挡块、挂历白纸、白板笔、卡片纸、喷胶。

图 6-1-22　雪弗兰科鲁兹教学用车

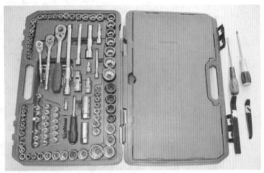

图 6-1-23　准备的工具

2. **实施步骤（表 6-1-2）**

表 6-1-2　前照灯灯泡的更换

作业内容	图解	技术规范
1. 车辆的基本防护和安全检查		**技术要求** 　1. 安装车轮挡块，车轮挡块可放置在任意车轮的前后 　2. 安装尾排 　3. 安装驾驶室三件套(脚垫、座椅套和转向盘套) 　4. 检查档位，变速杆应置于 P 位；检查驻车制动器，手柄应拉紧

作业内容	图解	技术规范
2. 拆卸前照灯插接器		**技术要求** 用手解锁前照灯插接器闭锁装置
3. 拆卸前照灯防尘罩		**技术要求** 用手拆卸前照灯防尘罩
4. 拆卸前照灯卡扣		**技术要求** 用手往里捏紧卡扣，卡扣自动脱离前照灯灯座
5. 拆卸前照灯		**技术要求** 用手旋动灯座，使得灯座卡扣脱离，从而取出灯泡
6. 更换前照灯灯泡		**技术要求** 更换新的前照灯灯泡

续表

作业内容	图解	技术规范
7. 安装前照灯		**技术要求** 用手旋动灯座，使得灯泡卡在灯泡座的卡槽里
8. 安装前照灯防尘罩		**技术要求** 安装前照灯防尘罩
9. 安装前照灯插接器		**技术要求** 用手把前照灯插接器安装到位，实现闭锁
10. 5S 工作		**技术要求** 1. 依次收起转向盘套、座椅套和地板垫 2. 丢弃无法二次使用的转向盘套、座椅套和地板垫等废弃物。能二次使用的转向盘套、座椅套和地板垫应叠放整齐，放回原位 3. 收起尾排装置 4. 收回车轮挡块 5. 清洁车身、地面等 6. 整理车间，关闭用电设备开关

→ 任务实施 3 ────────────────────────────

1. 任务准备

（1）工作场景：多媒体教室，雪弗兰科鲁兹教学用车（图 6-1-22）。

（2）主要设备：雪弗兰科鲁兹教学用车、成套组合工具车、多层零件车、工作台、世达工具（图 6-1-23）、十字形螺钉旋具、多媒体设备、白板、教学三角架。

（3）辅助材料：翼子板布、前格栅布、抹布、三件套、车轮挡块、挂历白纸、白板笔、卡片纸、喷胶。

2. 实施步骤（表 6-1-3）

表 6-1-3　前照灯总成的更换

作业内容	图解	技术规范
1. 车辆的基本防护和安全检查		**技术要求** 1. 安装车轮挡块，车轮挡块可置在任意车轮的前后 2. 安装尾排 3. 安装驾驶室三件套（脚垫、座椅套和转向盘套） 4. 检查档位，变速杆应置于 P 位；检查驻车制动器，手柄应拉紧
2. 拆卸前保险杠上装饰板卡扣		**技术要求** 用撬板撬起装饰卡扣，并取下
3. 拆卸前保险杠装饰板螺栓		**技术要求** 使用工具拆卸前保险杠装饰板上的螺栓

续表

作业内容	图解	技术规范
4. 拆卸前保险杠	 	**技术要求** 　用撬板撬开前保险杠卡扣，并拿下前保险杠
5. 拆卸大灯螺栓	 	**技术要求** 　使用工具拆下大灯上的固定螺栓

作业内容	图解	技术规范
5. 拆卸大灯螺栓		
6. 释放大灯外边缘定位器凸舌		**技术要求** 　向前拉动大灯外边缘，向上/向下释放大灯背面的定位器凸舌
7. 释放大灯内边缘定位器		**技术要求** 　向前拉动大灯外边缘，向上/向下释放内侧定位器
8. 断开大灯电气连接		**技术要求** 　1. 向前拉大灯总成至足以接近电气连接 　2. 将大灯电气连接器从前端照明线束连接器上断开

续表

作业内容	图解	技术规范
8. 断开大灯电气连接		
9. 拆下大灯总成		技术要求 拆下大灯总成
10. 5S 工作		技术要求 1. 依次收起转向盘套、座椅套和地板垫 2. 丢弃无法二次使用的转向盘套、座椅套和地板垫等废弃物。能二次使用的转向盘套、座椅套和地板垫应叠放整齐，放回原位 3. 双手分别拿起车轮挡块，放到配件车上的规定位置上 4. 用干净的抹布清洁车身，清洁作业中手接触过的部位 5. 清洁地面，整理车间

M任务 2 信号系统的检修

完成本学习任务后，你应当：

(1) 能说出信号系统的功用和组成；

(2) 能指出信号系统在实车上的位置；

(3) 能进行信号系统的功能检查；

(4) 能分析信号系统的控制电路；

(5) 能进行信号系统的检修。

建议完成本学习任务用 4 学时。

→ 相关知识 ———

一、 概述

1. 信号系统作用

信号系统的作用是通过声、光信号向其他车辆的驾驶人和行人发出有关车辆运行状况或状态的信息，以引起车辆、行人的注意，确保车辆行驶安全。

2. 信号系统组成

信号系统由声响信号装置和灯光信号装置组成。

声响信号装置包括气喇叭、电喇叭和蜂鸣器等，灯光信号装置包括转向灯、制动灯和倒车灯等，在汽车起步、超车或倒车、转向时，提醒行人和其他车辆注意。

活动一：结合实车，找出信号系统各组成部分在实车上的位置。

二、 喇叭

1. 气喇叭

气喇叭是利用气流使金属膜片振动发声的装置，多用在装有气压制动的载重汽车上。

2. 电喇叭

电喇叭的声音清脆悦耳，其音量不超过 105 dB，因而被广泛应用于各种类型的汽车上。

(1)电喇叭的结构与工作原理。

电喇叭由振动机构和电路断续机构两个部分组成，根据外形不同分类，可分为筒形、螺旋形和盆形电喇叭。盆形电喇叭由于具有尺寸小、质量小、指向性好等特点，为现代汽车所普遍使用。盆形电喇叭的结构如图6-2-1所示。

其工作原理如下：当按下喇叭按钮10时，工作电流由蓄电池正极→线圈2→触点7→喇叭按钮10→搭铁→蓄电池负极构成回路。线圈2通电后产生电磁吸力，吸动上铁心3及衔铁6下移，使膜片4向下拱曲，衔铁6下移中将触点7顶开，线圈2电路被切断，其电磁力消失，上铁心3、衔铁6在膜片4弹力的作用下复位，触点7又闭合。如此反复一通一断，使膜片及共鸣板连续振动辐射发声。

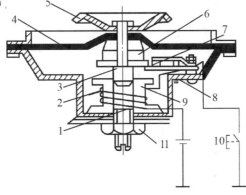

1—下铁心　2—线圈　3—上铁心　4—膜片　5—共鸣板　6—衔铁

7—触点　8—调整螺钉　9—电磁铁心　10—按钮　11—锁紧螺母

图6-2-1　盆形电喇叭的结构图

(2)电喇叭的维护和调整。

电喇叭的安装固定方法对其发音影响较大。为了保证电喇叭声音正常，电喇叭不做刚性安装，在电喇叭与固定架之间装有片状弹簧或橡胶垫。

若安装技术良好，电喇叭发音响亮清晰而无沙哑声。喇叭触点应保持清洁且接触良好。电喇叭的调整包括音调的调整和音量的调整。

①音调的调整。音调的高低取决于膜片的振动频率。减小喇叭上下铁心间的间隙，则音调提高；增大间隙，则音调降低。调整方法：如图6-2-1所示，松开锁紧螺母11，转动下铁心，将上、下铁心间的间隙调为合适值，通常为0.5～1.5 mm，拧紧螺母即可。

②音量的调整。音量的强弱取决于通过喇叭线圈的电流的大小，电流大则音量强。线圈电流的大小可通过调整螺钉8改变喇叭触点7的接触压力来调整。若触点的接触压力增大，则喇叭的音量变大。

三、 转向信号灯

转向灯系统一般由转向信号灯、转向指示灯、转向开关、闪光器等组成。当汽车要向左或右转向时，通过操纵转向开关，使车辆左边或右边的转向信号灯经闪光器通电而闪烁发光。转向后，回转转向盘，转向盘控制装置可自动使转向开关回位，转向灯熄灭。驾驶人还可以通过操纵危险警报开关使全部转向灯闪亮，发出警示。

转向信号灯一般应具有一定的频闪，国标上规定为 $60 \sim 120$ 次/min。

转向信号灯的频闪由闪光器控制。闪光器主要有电热式、电容式和晶体管式三种类型。电热式闪光器结构简单，制造成本低，但闪光频率不够稳定，使用寿命短，已被淘汰。电容式闪光器闪光频率稳定。晶体管式闪光器具有性能稳定、可靠等优点，故得到广泛应用。如图 6-2-2 所示是一种简单的无触点电子闪光器，其工作原理如下。

接通转向灯开关，VT_1 因正向偏压而饱和导通，VT_2、VT_3 则截止。由于 VT_1 的发射极电流很小，故转向灯较暗。同时，电源通过 R_1 对 C 充电，使得 VT_1 的基极电位下降，当低于其导通所需正向偏置电压时，VT_1 截止。VT_1 截止后，VT_2 通过 R_3 得到正向偏置电压而导通，VT_3 也随之饱和导通，转向灯变亮。此时，C 经 R_1、R_2 放电，使 VT_1 仍保持截止，转向信号灯继续发亮。随着 C 放电电流减小，VT_1 基极电位又逐渐升高，当高于其正向导通电压时，VT_1 又导通，VT_2、VT_3 又截止，转向信号灯又变暗。随着电容的充、放电，VT_3 不断地导通、截止，如此循环，使转向灯闪烁。

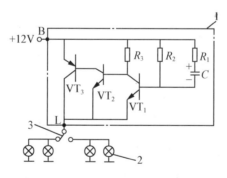

1—闪光器　2—转向信号灯　3—转向灯开关

图 6-2-2　国产 SG131 型无触点闪光器

四、 危险警告灯

危险报警电路一般由左右转向灯、闪光器、危险报警开关等组成，如图 6-2-3 所示。当危险报警开关闭合时，左右转向灯同时闪烁。

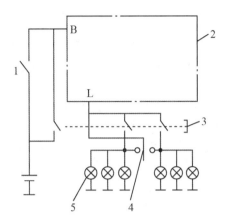

1—点火开关　2—闪光器　3—危险报警开关　4—转向灯开关　5—转向信号灯及转向指示灯

图 6-2-3　危险报警灯信号电路

活动二：结合转向信号灯知识，分析危险报警灯信号的控制原理。

五、制动信号灯

制动信号灯是与汽车制动系统同步工作的，它通常由制动信号灯开关控制。

1. 液压式制动信号灯开关

液压式制动信号灯开关用于采用液压制动系统的汽车上，装在液压制动主缸的前端或制动管路中。

2. 气压式制动信号灯开关

气压式制动信号灯开关如图 6-2-4 所示，用于采用气压制动系统的汽车上，通常被安装在制动系统的气压管路中。

制动时，制动压缩空气推动橡皮膜片上拱，使触点闭合，接通制动灯电路。

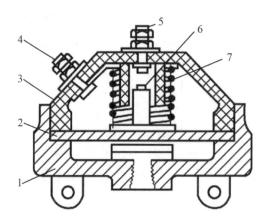

1—壳体　2—膜片　3—胶木盖　4，5—接线柱　6—触点　7—弹簧

图 6-2-4　气压式制动信号灯开关

3. 弹簧式制动信号灯开关

弹簧式制动信号灯开关是一种较为常用的制动开关，装在制动踏板的后面，如图 6-2-5 所示。

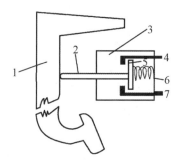

1—制动踏板　2—推杆　3—制动信号灯开关　4，7—接线柱　5—接触桥　6—回位弹簧

图 6-2-5　弹簧式制动信号灯开关

4. 制动信号灯电路

(1)采用三灯的组合式尾灯。在这种组合式尾灯中，采用单丝灯泡，每个灯泡只有一个功能，随着功能的增加，尾灯灯泡的数量也要增加，如图 6-2-6 所示。

(2)采用双丝灯的尾灯。在此双丝灯泡中，大功率的灯丝既用于制动信号灯中，也用于转向信号灯中。图 6-2-7(a)所示为美国福特汽车公司所采用的双丝灯尾灯的电路。

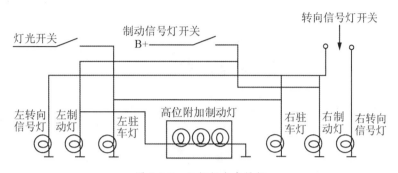

图 6-2-6　三灯组合式尾灯

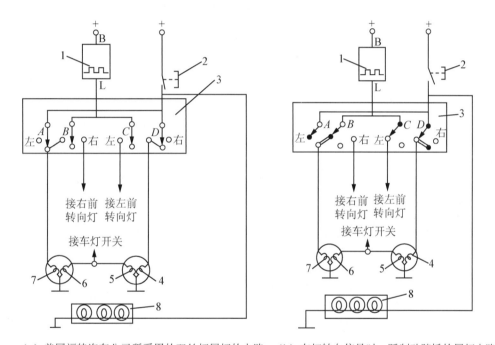

（a）美国福特汽车公司所采用的双丝灯尾灯的电路　（b）在打转向信号时，踩制动踏板的尾灯电路

1—闪光器　2—制动信号灯开关　3—转向灯开关　4—右后转向及右制动灯丝

5—右后驻车灯丝　6—左后驻车灯丝　7—左后转向及左制动灯丝　8—高位附加制动灯

图 6-2-7　双丝灯尾灯电路

六、倒车信号灯

1. 倒车信号灯开关

倒车信号装置由倒车灯开关控制，倒车信号灯开关的结构如图 6-2-8 所示。

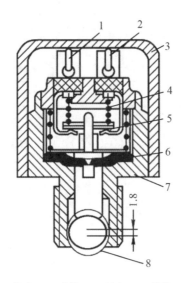

1、2—接线柱　3—外壳　4—弹簧　5—触点　6—膜片　7—底座　8—钢球

图 6-2-8　倒车信号灯开关

2. 倒车信号灯电路

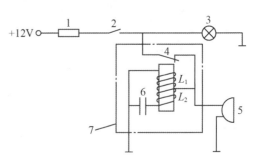

1—熔断器　2—倒车灯开关　3—倒车灯

4—触点　5—蜂鸣器　6—电容器　7—继电器

图 6-2-9　倒车信号灯控制电路

倒车信号灯控制电路如图 6-2-9 所示，其工作原理是：倒车时，倒车信号开关触点接通倒车信号灯电路，倒车信号灯亮。与此同时，倒车蜂鸣器利用电容的充电和放电，使线圈 L_1 和 L_2 的磁场时而相加、时而相减，使触点 4 时开时闭，从而控制电磁振动式蜂鸣器间歇发声，以引起行人和其他车辆的驾驶人注意。

➔ 任务实施

1. 任务准备

(1)工作场景：丰田卡罗拉教学用车。

(2)主要设备：丰田卡罗拉教学用车、工具车、工作台、多媒体设备。

(3)辅助材料：翼子板布和前格栅布、三件套、抹布、手套、抹布、车轮挡块、挂历白纸、白板笔、卡片纸、喷胶。

表 6-2-1 信号系统的功能检查

作业内容	图解	技术规范
1. 车辆的基本防护和安全检查		**技术要求** 1. 安装车轮挡块，车轮挡块可放置在任意车轮的前后 2. 安装尾排 3. 安装驾驶室三件套（脚垫、座椅套和转向盘套） 4. 检查档位，变速杆应置于 P 位；检查驻车制动器，手柄应拉紧
2. 检查近光灯		**技术要求** 1. 将灯光控制开关旋至二档 2. 检查近光灯，看是否正常点亮
3. 检查远光灯		**技术要求** 1. 将变光器开关向前推开 2. 检查远光灯，看是否正常点亮
4. 检查大灯闪光		**技术要求** 1. 把变光器开关向后拉 2. 检查大灯指示灯，看是否能正常亮或闪烁 3. 检查闪光器

作业内容	图解	技术规范
5. 检查左右转向灯		**技术要求** 1. 把变光器开关向上移动，检查左转向信号灯，看是否正常亮或闪烁 2. 把变光器开关向下移动，检查右转向信号灯，看是否正常亮或闪烁
6. 检查转向开关		**技术要求** 1. 转向开关向下拨动 2. 向左打方向 90° 3. 回正转向盘，检查转向开关，看是否能自动回位 4. 右转检查方法同上
7. 检查危险警告灯		**技术要求** 1. 按下危险信号开关 2. 检查危险警告灯指示灯，看是否正常亮 3. 检查危险警告灯，看是否正常亮或闪烁
8. 检查制动灯		**技术要求** 1. 踩住制动踏板 2. 检查制动灯，看是否正常亮 3. 检查低位制动灯，看是否正常亮

续表

作业内容	图解	技术规范
9. 检查倒车灯		**技术要求** 1. 踩制动踏板时，同时挂倒档 2. 检查倒车灯，看是否正常亮
10. 检查喇叭		**技术要求** 按下喇叭按钮，喇叭发音应响亮、清晰而无沙哑声
11.5S 工作		**技术要求** 1. 依次收起转向盘套、座椅套和地板垫 2. 丢弃无法二次使用的转向盘套、座椅套和地板垫等废弃物。能二次使用的转向盘套、座椅套和地板垫应叠放整齐，放回原位 3. 收起尾排装置 4. 收回车轮挡块 5. 清洁车身、地面等 6. 整理车间，关闭用电设备开关
12. 填写工作单		**技术要求** 1. 对于完成的项目，在后面"完成确认"一栏中确认 2. 正常的打"√"，有问题的打"×" 3. 有数据记录的记录相关数据 4. 有疑问的做好相关记录

Mᴵˢˢᴵᴼᴺ 3 任务 报警系统的检修

任 务 目 标

完成本学习任务后，你应当：

（1）能说出报警系统的作用和组成；

（2）能识别各种报警图形符号；

（3）能进行报警系统的功能检查；

（4）能分析报警系统的控制电路；

（5）能进行报警系统的检修。

建议完成本学习任务用 2 学时。

→ **相关知识**

一、 报警系统的作用

为了保证行车安全、提高车辆可靠性，人们在汽车仪表板上还安装了许多报警装置。

二、 报警系统的组成

1. 报警灯开关

报警灯由报警灯开关控制，当被监测的系统或总成不工作时，对应的报警灯开关闭合，使该系统的报警灯点亮。

2. 报警灯

灯泡：1～4 W。一般在灯泡前设有滤光片，滤光片上有标准图形符号。

发光二极管：结构简单，寿命长，耗电少，易于识别。

三、 报警信号灯符号

汽车报警信号灯的符号和作用见表 6-3-1。

表 6-3-1　报警信号灯的符号和作用

名称	图形符号	作用
雾灯指示灯		该指示灯是用来显示前后雾灯的工作状况。当前后雾灯点亮时，该指示灯相应的标志就会点亮；关闭雾灯后，相应的指示灯熄灭
驻车制动指示灯		该指示灯用来显示车辆驻车制动手柄的状态，平时为熄灭状态。当驻车制动手柄被拉起后，该指示灯自动点亮。驻车制动手柄被放下时，该指示灯自动熄灭。有的车型在行驶中放下驻车制动手柄会伴随有警告音
冷却液温度指示灯		该指示灯用来显示发动机内冷却液的温度，钥匙门打开，车辆自检时，会点亮数秒，后熄灭。冷却液温度指示灯常亮，说明冷却液温度超过规定值，需立刻暂停行驶。在冷却液温度正常后熄灭
ABS 指示灯		该指示灯用来显示 ABS 的工作状况，当打开钥匙门，车辆自检时，ABS 灯会点亮数秒，随后熄灭。如果未闪亮或者起动后仍不熄灭，表明 ABS 出现故障
燃油指示灯		该指示灯用来显示车辆内储油量的多少，当钥匙门打开，车辆进行自检时，该油量指示灯会短时间点亮，随后熄灭。若起动后该指示灯点亮，则说明车内油量已不足
蓄电池指示灯		该指示灯用来显示蓄电池的使用状态，打开钥匙门，车辆开始自检时，该指示灯点亮，起动后自动熄灭。如果起动后蓄电池指示灯常亮，说明该蓄电池出现了使用问题，需要更换
机油压力报警灯		该指示灯用来显示发动机内机油的压力状况，打开钥匙门，车辆开始自检时，指示灯点亮，起动后熄灭。该指示灯常亮，说明该车发动机机油压力低于规定标准，需要维修
气囊指示灯		该指示灯用来显示安全气囊的工作状态，当打开钥匙门，车辆开始自检时，该指示灯自动点亮数秒后熄灭。若常亮，则表示安全气囊出现故障，需要维修

续表

名称	图形符号	作用
发动机自检灯		该指示灯用来显示车辆发动机的工作状况，当打开钥匙门，车辆自检时，该指示灯点亮，后自动熄灭。若常亮则说明车辆的发动机出现了机械故障，需要维修
车门指示灯		该指示灯用来显示车辆各车门状况，任意车门未关上或者未关好。该指示灯点亮相应的车门指示灯，提示驾驶人车门未关好，当车门关闭或关好时，相应车门指示灯熄灭
清洗液指示灯		该指示灯用来显示车辆所装载的玻璃清洁液的余量，平时为熄灭状态。该指示灯点亮时，说明车辆所装载的玻璃清洁液已不足，需添加玻璃清洁液。添加玻璃清洁液后，指示灯熄灭
远光指示灯		该指示灯用来显示车辆远光灯的状态，通常的情况下该指示灯为熄灭状态。当驾驶人点亮远光灯时，该指示灯会同时点亮，以提示驾驶人，车辆的远光灯处于开启状态
示宽指示灯		该指示灯用来显示车辆示宽灯的工作状态，平时为熄灭状态，当示宽灯打开时，该指示灯随即点亮。当示宽灯关闭或者关闭示宽灯打开前照灯时，该指示灯自动熄灭
TCS 指示灯		该指示灯用来显示车辆 TCS（牵引力控制系统）的工作状态，多出现在日系车上。当该指示灯点亮时，说明 TCS 系统已被关闭
转向指示灯		该指示灯用来显示车辆转向灯所在的位置，通常为熄灭状态。当车主点亮转向灯时，该指示灯会同时点亮相应方向的转向指示灯，转向灯熄灭后，该指示灯自动熄灭
安全带指示灯		该指示灯用来显示安全带是否处于锁止状态，当该灯点亮时，说明安全带没有及时扣紧，有些车型会有相应的提示音。当安全带及时扣紧后，该指示灯自动熄灭

续表

名称	图形符号	作用
内循环指示灯		该指示灯用来显示车辆空调系统的工作状态，平时为熄灭状态。当点亮内循环按钮，车辆关闭外循环，空调系统进入内循环状态时，该指示灯自动点亮。内循环关闭时熄灭

活动：结合实车，在组合仪表上指出各报警灯，并说出该报警灯的名称及作用。

➡ **任务实施**

1. 任务准备

（1）工作场景：丰田卡罗拉教学用车。

（2）主要设备：丰田卡罗拉教学用车、工具车、工作台、多媒体设备。

（3）辅助材料：翼子板布和前格栅布、三件套、抹布、手套、抹布、车轮挡块、挂历白纸、白板笔、卡片纸、喷胶。

2. 实施步骤（表6-3-2）

表6-3-2　报警系统的功能检查

作业内容	图解	技术规范
1. 车辆的基本防护和安全检查		技术要求 1. 安装车轮挡块，车轮挡块可置于任意车轮的前后 2. 安装尾排 3. 安装驾驶室三件套（脚垫、座椅套和方向盘套） 4. 检查档位，变速杆应置于P位；检查驻车制动器，手柄应拉紧

续表

作业内容	图解	技术规范
2. 观察组合仪表警告灯点亮情况		**技术要求** 将点火开关转到 start 档位，启动发动机，检查所有的警告灯点亮情况：蓄电池指示灯、故障指示灯（MIL）机油压警告灯等
3. 观察组合仪表警告灯熄灭情况		**技术要求** 松开点火开关，观察警告灯熄灭情况
4.5S 工作		**技术要求** 1. 依次收起转向盘套、座椅套和地板垫 2. 丢弃无法二次使用的转向盘套、座椅套和地板垫等废弃物。能二次使用的转向盘套、座椅套和地板垫叠放整齐、放回原位 3. 收起尾排装置 4. 收回车轮挡块 5. 清洁车身、地面等 6. 整理车间，关闭用电设备开关

任务目标

完成本学习任务后，你应当：

(1)能说出组合仪表上各仪表的作用及组成；

(2)能进行组合仪表的更换；

(3)能养成一定的创新意识。

建议完成本学习任务用 2 学时。

⊙ 相关知识 ——————————————————————————————————————●

一、仪表系统的作用

为了便于驾驶人随时了解汽车各个主要系统的工作情况，保证汽车可靠且安全的行驶，汽车上安装了仪表系统，用来反映汽车的一些重要运行状态参数。

二、仪表系统的组成

汽车上较常用的仪表有机油压力报警灯、冷却液温度表(又称水温表)、燃油表、车速里程表、发动机转速表等。

现代汽车大多采用组合仪表，组合仪表一般由面罩、边框、表芯、印制电路板、插接器、报警灯、指示灯及仪表灯等部件组成，有些仪表还带有电源稳压器和报警蜂鸣器。不同汽车的组合仪表中的仪表个数不同。图 6-4-1 所示为组合仪表。

图 6-4-1　组合仪表

活动一：结合实车，说出组合仪表上各仪表的名称和作用。

1. 机油压力报警灯

机油压力报警灯安装在组合仪表内，用来显示发动机润滑系统

机油压力的大小，如图 6-4-2 所示。

图 6-4-2　机油压力报警灯

2. 冷却液温度表

冷却液温度表由冷却液温度表和冷却液温度传感器两部分组成，用于显示冷却液温度。冷却液温度表安装在组合仪表内，冷却液温度传感器安装在发动机气缸盖的冷却水套上，有电热式和电磁式两种。冷却液温度表与冷却液温度报警灯同时使用。图 6-4-3 所示为电热式冷却液温度表与电热式冷却液温度传感器的工作电路。

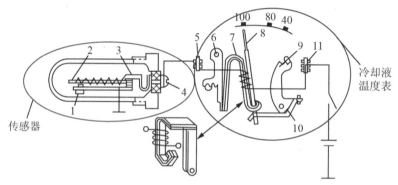

1—固定触点　2—双金属片　3—连接片　4—冷却液温度传感器接线柱

5，11—冷却液温度表接线柱　6，9—调节齿扇　7—双金属片　8—指针　10—弹簧片

图 6-4-3　电热式冷却液温度表与电热式冷却液温度传感器的工作电路

活动二：根据图 6-4-3，可尝试画出其等效电路图，再分析工作原理。

如图 6-4-3 所示，电路电流的走向为：电源正极→开关→接线柱 11→线圈（双金属片 7）→接线柱 5→接线柱 4→连接片 3→双金属片 2→固定触点 1→搭铁。当冷却液温度较低时，电热式冷却液温度传感器的温度也较低，双金属片 2 的变形量小，触点闭合的时间长，而打开时间短，通过指示表电热线圈的平均电流值大，使指示表双金属片 7 因温度较高而弯曲程度小，指针 8 偏转角度很大，冷却液温度表指针指向低温。反之，当冷却液温度较高时，电热式冷却液温度传感器的温度也较高，双金属片 2 的变形量大，触点闭合的时间短，而打开时间长，通过指示表电热线圈的平均电流值小，使指示表双金属片 7 因温度较低而弯曲程度大，指针 8 偏转角度很小，冷却液温度表指针指向高温。

3. 燃油表

燃油表用来显示汽车油箱中的油量，燃油传感器安装在油箱中，其工作原理如图 6-4-4 所示。

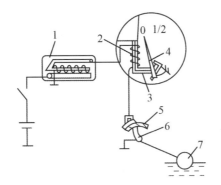

1—电源稳压器   2—加热线圈   3—双金属片   4—指针   5—可变电阻   6—滑片   7—浮子

图 6-4-4   电热式燃油表的结构

活动三： 根据图 6-4-4，再结合前面所学，尝试画出其等效电路图并分析其工作原理。

4. 车速里程表

车速里程表由车速表和里程表两部分组成，用来显示汽车行驶速度和累计行驶里程数。现在，汽车上常用的车速里程表是电子式车速里程表，由车速传感器、电子电路、步进电动机、车速表和里程表等组成，其工作原理如图 6-4-5 所示。

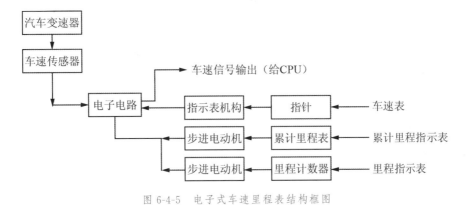

图 6-4-5   电子式车速里程表结构框图

思考： 汽车上常用的转速传感器有哪几种？常用的车速传感器有几种？

5. 发动机转速表

发动机转速表用于指示发动机的运转速度。转速表接收来自点火系统的脉冲信号，火花塞每跳火一次便发出一个脉冲电压，火花塞发火频率与发动机转速成正比。转速表内的电路将点火脉冲信号转换成变化的电压，加至作为发动机转速表使用的电压表上。

活动四：根据某种车型的整车电路图分析一种或几种仪表的控制电路。

➤ **知识拓展**

HUD 抬头数字显示

科技赋能发展，创新决胜未来。在新发展理念中，"创新发展"摆在首位；在高质量发展中，"创新成为第一动力"是首要特征。敢于创新，矢志创新，锐意创新，成为中国战胜各种风险挑战，赢得未来主动的关键。在汽车上，越来越多的车辆使用抬头数字显示仪(Heads Up Display)，风窗玻璃仪表显示，又叫平视显示系统，如图 6-4-6 所示，它可以把重要的信息，映射在风窗玻璃上的全息半镜上，使驾驶人不必低头，就能看清重要的信息。这种显示系统，原是军用战斗机上的显示系统，飞行员不必低头，就能在风窗上看到所需的重要信息。目前，越来越多的汽车上采用了这种显示系统。

图 6-4-6 抬头数字显示仪

➤ **任务实施**

1. 任务准备

(1)工作场景：多媒体教室，丰田卡罗拉教学用车(图 6-4-7)。

(2)主要设备：破车卡罗拉教学用车、成套组合工具车、多层零件车、工作台、世达工具(图 6-4-8)、十字形螺钉旋具、多媒体设备、白板、教学三脚架。

(3)辅助材料：翼子板布和前格栅布、三件套、抹布、车轮挡块、挂历白纸、白板笔、卡片纸、喷胶。

图 6-4-7 丰田卡罗拉教学用车

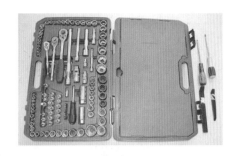

图 6-4-8 准备的工具

2. 实施步骤（表6-4-1）

表 6-4-1 仪表总成的更换

作业内容	图解	技术规范
1. 车辆的基本防护和安全检查		**技术要求** 1. 安装车轮挡块，车轮挡块可放置在任意车轮的前后 2. 安装尾排 3. 安装驾驶室三件套（脚垫、座椅套和转向盘套） 4. 检查档位，变速杆应置于 P 位；检查驻车制动器，手柄应拉紧
2. 拆卸仪表板左下装饰板		**技术要求** 用专用工具撬开仪表板左下装饰板，待卡爪分离后取下左下装饰板
3. 拆卸仪表板左端装饰板		**技术要求** 用专用工具撬开仪表板左端装饰板，待卡爪分离后取下左端装饰板

续表

作业内容	图解	技术规范
4. 拆卸组合仪表装饰板总成		**技术要求** 1. 操作倾斜度调节杆以降下转向盘总成 2. 在转向盘总成上方位置粘贴保护胶带 3. 分离导销、卡爪和3个卡子，并拆下仪表组装饰板总成
5. 拆卸组合仪表总成螺钉		**技术要求** 1. 用十字形螺钉旋具拆下组合仪表总成上的两个螺钉 2. 分离两个导销
6. 断开组合仪表总成连接器		**技术要求** 1. 给组合仪表总成连接器解锁，断开连接器 2. 拆下组合仪表总成
7. 更换组合仪表总成		**技术要求** 更换新的组合仪表总成
8. 连接组合仪表总成连接器		**技术要求** 连接组合仪表总成的连接器

续表

作业内容	图解	技术规范
9. 安装组合仪表总成的螺钉		**技术要求** 1. 接合 2 个导销 2. 用十字形螺钉旋具旋紧组合仪表总成上的两个螺钉
10. 安装组合仪表装饰板总成		**技术要求** 1. 接合导销、卡爪和 3 个卡子，并安装仪表组装饰板总成 2. 清除转向柱罩上粘贴的保护胶带
11. 安装仪表板左端装饰板		**技术要求** 安装仪表板左端装饰板
12. 安装仪表板左下装饰板		**技术要求** 安装仪表板左下装饰板
13.5S 工作		**技术要求** 1. 依次收起转向盘套、座椅套和地板垫 2. 丢弃无法二次使用的转向盘套、座椅套和地板垫等废弃物。能二次使用的转向盘套、座椅套和地板垫应叠放整齐，放回原位 3. 收起尾排装置 4. 收回车轮挡块 5. 清洁车身、地面等 6. 整理车间，关闭用电设备开关

项目 **7** 汽车辅助电气设备构造与维修

项 目 概 述

现代汽车上，除前文所述的基本的电气设备外，还有一些辅助电气设备，以满足各种不同的需求。而且从发展趋势来看，汽车上的辅助电气设备会越来越多。

本项目包含六个基本学习任务：任务1——刮水器、洗涤器系统的检修；任务2——刮水器电动机的更换；任务3——电动座椅的检修；任务4——电动车窗的检修；任务5——电动后视镜的检修；任务6——中控门锁的检修。

通过本项目的学习，要在知识、技能、行为习惯、职业素养等方面达到以下相关要求。

序号	学习内容(知识、技能、行为习惯、职业素养等)	评价标准			
		了解、知道	理解、掌握	指导下操作	独立操作
1	安全、规范的操作				√
2	工作、学习环境整洁有序				√
3	执行5S现场管理				√
4	合作学习、积极思考				√
5	工具的正确选择和使用				√
6	刮水器、洗涤器的组成		√		
7	独立进行刮水器、洗涤器的操控				√
8	熟练进行刮水器的检查与更换				√
9	电动座椅的组成和工作原理	√			
10	熟练进行电动座椅的调节与检修				√
11	电动车窗的组成和工作原理	√			
12	熟练进行电动车窗的操作与检修				√
13	电动后视镜的组成和工作原理	√			
14	熟练进行电动后视镜的操作与检修				√
15	中控门锁的组成和工作原理	√			
16	熟练进行中控门锁的操作与检修				√

任务 1 刮水器、洗涤器系统的检修

任务目标

完成本学习任务后，你应当：

(1) 能说出刮水系统的功用和组成；

(2) 能进行刮水系统的功能检查；

(3) 能分析刮水系统的工作原理；

(4) 能进行刮水系统的检修。

建议完成本学习任务用 12 学时。

→ 相关知识

一、刮水器

1. 刮水器系统的作用

为了保证驾驶人在雨天、雪天和雾天有良好的视线，汽车都安装有风窗玻璃刮水器，它具有一个或两个以上的橡胶刷，由驱动装置带着来回摆动，以除去玻璃上的水、雪等。

2. 刮水器的分类

(1) 根据安装位置不同分：

① 前风窗刮水器；

② 后风窗刮水器。

(2) 根据驱动装置不同分：

① 真空式——由真空泵驱动；

② 气动式——具有空气气源；

③ 电动式——结构简单，控制效果好。

3. 刮水器的常见档位

刮水器的档位如图 7-1-1 所示。

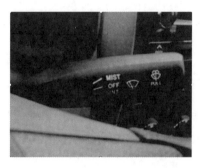

①MIST：点动档
②OFF：关闭档
③INT：间歇档
④LO：低速档
⑤HI：高速档

图 7-1-1　刮水器档位开关

思考：各个档位在什么情况下使用？

4. 刮水器系统的组成

刮水器系统的组成如图 7-1-2 所示。

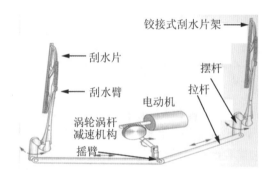

图 7-1-2　刮水器系统的结构图

活动一：结合实车，在实车上找到刮水器系统的各个组成部分。

5. 刮水器的变速原理

刮水器的变速是利用直流电动机变速原理来实现的，由直流电动机电压平衡方程式可得转速公式为

$$n = \frac{U - IR}{kZ\varphi}。$$

式中　U 为电动机端电压；

　　　I 为通过电枢绕组的电流；

　　　R 为电枢绕组的电阻；

　　　k 为常数；

Z 为正、负电刷间串联的绕组(导体)数；

φ 为磁极磁通。

在电压和直流电动机定型的条件下，即 I，R，K 均为常数时，当 φ 增大时转速 n 下降；反之，则转速上升。两电刷之间的电枢绕组(导体)数 Z 增多时，转速 n 也下降；反之，则上升。所以，刮水器变速是在直流电动机变速的理论基础上，采取改变电动机磁极磁通的强弱或者改变两电刷之间的导体(绕组)数来实现的。

6. 刮水器的工作原理

刮水器工作原理如图 7-1-3 所示。电源开关 2 接通，当刮水器开关 12 置于"Ⅰ"档时，电刷 4、10 工作，电动机通电，因电刷 4、10 间串联的电枢线圈较多，电枢在永久磁场作用下低速运转。电路为蓄电池正极→电源开关 2→熔丝 3→电刷 4→电枢绕组→电刷 10→刮水器开关12→搭铁→蓄电池负极。

当刮水器开关 12 置于"Ⅱ"档时，电刷 4、11 工作，电动机通电，因电刷 4、11 间串联的电枢线圈减少，电枢在永久磁场作用下高速运转。电路为蓄电池正极→电源开关 2→熔丝 3→电刷 4→电枢绕组→电刷 11→刮水器开关 12→搭铁→蓄电池负极。

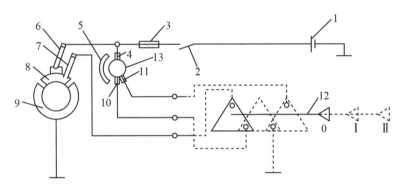

1—蓄电池　2—电源开关　3—熔丝　4，10，11—电刷　5—永久磁铁

6、7—自动复位触片　8、9—自动复位滑片　12—刮水器开关　13—电枢

图 7-1-3　永磁式双速刮水器控制示意图

7. 刮水器的自动复位装置

自动复位是指在切断电动刮水器开关时，刮水片能自动停在驾驶人视野以外的指定位置。自动复位装置及其工作原理有以下两种。

（1）凸轮式自动复位机构。

如图 7-1-4 所示，凸轮与电枢轴联动，触点由凸轮控制。当断开刮水器开关时，若刮水片没有停在指定位置，则凸轮继续将触点顶在闭合位置，电动机继续转动，刮水片到达指定位置时，电动机才停止转动。

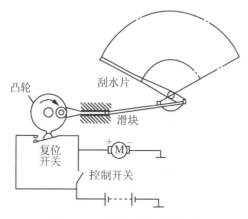

图 7-1-4　凸轮式自动复位机构

（2）短路反电动势自动复位机构。

如图 7-1-5 所示，刮水片没有到达指定位置时，电动机继续通电转动；刮水片到达指定位置时，电枢短路，相当于一个发电机，产生一个反电动势，在反电动势制动力矩的作用下，电动机迅速停转。

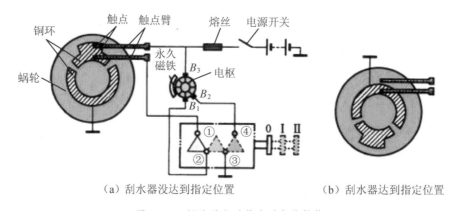

（a）刮水器没达到指定位置　　　　　　　　（b）刮水器达到指定位置

图 7-1-5　短路反电动势自动复位机构

8. 刮水器的间歇控制

刮水器间歇控制的作用：一是与洗涤器配合使用时，可以实现先洗后刮的循环刮洗工序，从而提高刮洗效果；二是在毛毛细雨时，雨量稀少，如果刮水器仍按原来那样不断地工作，不仅会引起刮片的颤动，而且会对玻璃有损伤。

刮水器的间歇控制按其间歇时间能否调节可分为可调式和不可调式。

→ **知识拓展**

刮水器的新技术

1. 柔性齿条传动刮水器的结构如图 7-1-6 所示。

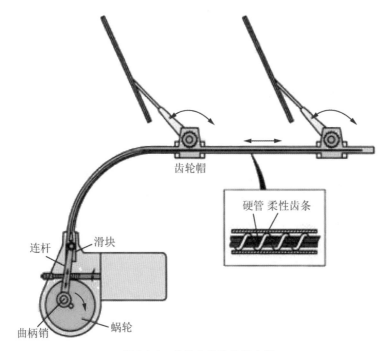

图 7-1-6　柔性齿条传动刮水器

2. 雨滴感知型间歇刮水器。

雨滴感知型间歇刮水器主要由雨滴传感器、间歇刮水放大器和刮水器电动机组成，如图 7-1-7 所示。

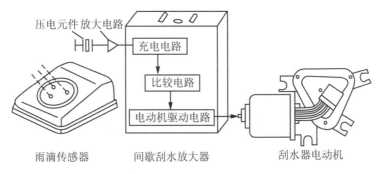

图 7-1-7　雨滴感知型间歇刮水器

雨滴感知型刮水器控制系统原理框图如图 7-1-8 所示。

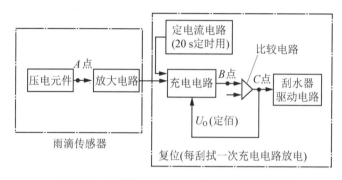

图 7-1-8　雨滴感知型刮水器控制系统原理框图

活动二： 结合实车刮水器电路图，分析其控制原理。

二、洗涤器

1. 洗涤器系统的作用

汽车在灰尘较多的环境中行驶时，一些灰尘飘落在风窗上会影响驾驶人的视线。因此许多汽车的刮水器系统中增设了清洗装置，必要时向风窗表面喷洒专用清洗液或水，在刮水片配合工作下，保持风窗表面洁净。

2. 洗涤器系统的组成

洗涤器系统由洗涤液罐、洗涤泵、软管、三通喷嘴和刮水器开关组成，如图 7-1-9 所示。

活动三： 结合实车，在实车上找到洗涤器系统的各个组成部分。

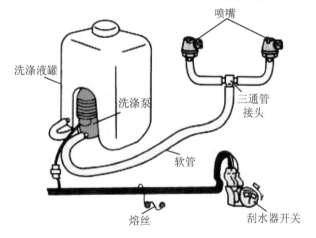

图 7-1-9　洗涤器系统的组成

（1）洗涤液罐。洗涤液＝水＋添加剂（防冻剂、去垢剂、缓蚀剂等）。洗涤液罐的位置如图 7-1-10 所示。

储
液
罐

加
注
口

图 7-1-10　洗涤液罐的位置

（2）洗涤泵。由永磁直流电动机和离心式液压泵（吸油、压油）组成。

（3）软管。

（4）三通喷嘴。喷嘴的喷射压力为 $70\sim80$ kPa，喷嘴位置在风窗玻璃下方，其方向可调整，如图 7-1-11 和图 7-1-12 所示。

喷嘴

图 7-1-11　丰田卡罗拉洗涤器的喷嘴

图 7-1-12　雪佛兰科鲁兹洗涤器喷嘴

3. 洗涤器的工作原理

洗涤器的工作原理如图 7-1-13 所示。洗涤器电路比较简单，一般和刮水器共用一个熔丝。有的车清洗开关会单独设置，有的和刮水器开关组合在一起，便于操作。

当清洗开关接通时，清洗电动机带动液压泵转动，给清洗液加压，通过输液管和喷嘴喷洒到风窗玻璃表面。

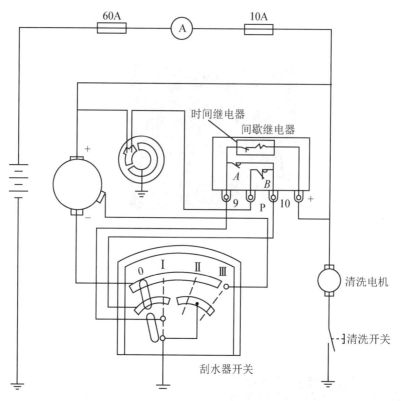

图 7-1-13　洗涤器的工作原理示意图

4. 常见故障诊断与排除

洗涤器系统常见故障有喷嘴都不工作和个别喷嘴不工作。

主要故障原因：清洗电动机或开关损坏；线路断路；清洗液液面过低或连接管脱落；喷嘴堵塞。

诊断步骤：如果所有喷嘴都不工作，先检查清洗液液面和连接管是否正常；然后检查清洗电动机搭铁线和电源线有无断路、松脱现象；最后检查开关和电动机是否正常。如果个别喷嘴不工作，一般是喷嘴堵塞所致。

有些汽车还有前照灯清洗装置，其原理、常见故障及诊断方法与洗涤器相同。

三、 风窗除霜系统

1. 风窗除霜系统的作用

在较冷的季节，有雨、雪或雾的天气，空气中的水分会在风窗玻璃上凝结成细小的水滴甚至结冰，从而影响驾驶人的视线。为了防止水蒸气在风窗玻璃上凝结，设置了风窗除霜装置，需要时可以对风窗玻璃加热。

2. 除霜的方法

(1)前风窗玻璃：在汽车空调系统的风道中加设除霜器风门。

(2)后风窗玻璃：采用除霜热线，利用电阻丝组成的电栅加热除霜。

3. 后风窗除霜系统的组成

电热式后风窗除霜系统的组成及原理如图 7-1-14 所示。

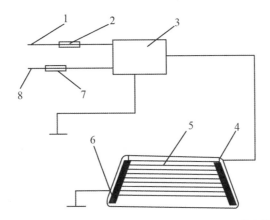

1—接蓄电池　2，7—熔断器　3—开关/定时继电器　4—供电接线柱

5—后窗电栅　6—搭铁接线柱　8—接点火开关

图 7-1-14　电热式后风窗除霜系统电路原理图

后风窗除霜器一般是在玻璃成形过程中，将很细的电阻丝烧结在玻璃表面上。由一组平行的含银陶瓷电阻丝组成，在玻璃两侧有汇流条，各焊有一个接线柱，其中一个用以供电，另一个是搭铁接线柱。这种除霜器的工作电流较大，因此电路中除设有开关外，有的还设有一个定时继电器。这种继电器在通电 10 min 后即能自动断电，如霜还没有除净，驾驶人可再次接通开关，但在这之后每次只能通电 5 min。

除霜器的电阻随温度的变化而变化，具有正温度系数特性。温度低时，阻值减小，电流增大；温度高时，阻值增大，电流减小。因此，除霜器自身具有一定的调节功能。

电阻丝的通电控制方式分为手动和自动两种。自动控制除霜系统由开关、自动除霜传感器、启动除霜控制器、电阻丝电栅等组成，如图 7-1-15 所示。

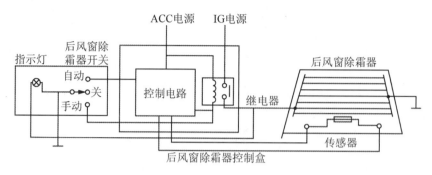

图 7-1-15　后风窗自动控制除霜系统

活动四：结合图 7-1-16，分组讨论。

①写出桑塔纳 2000 后风窗除霜系统的组成部分；

②分析桑塔纳 2000 后风窗除霜系统的控制电路。

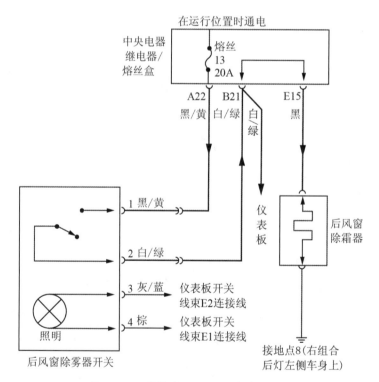

图 7-1-16　桑塔纳 2000 后风窗除霜系统

→ **任务实施**

1. **任务准备**

（1）工作场景：多媒体教室，丰田卡罗拉教学用车（图 7-1-17）。

图 7-1-17　丰田卡罗拉教学用车

（2）主要设备：丰田卡罗拉教学用车、成套组合工具车、工作台、多媒体设备、白板、教学三脚架。

（3）辅助材料：翼子板布、前格栅布、三件套、抹布、车轮挡块、手套、挂历白纸、白板笔、卡片纸、喷胶。

2. **实施步骤（表 7-1-1）**

表 7-1-1　刮水器和洗涤器的检查调整

作业内容	图解	技术规范
1. 车辆的基本防护和安全检查		**技术要求** 1. 安装车轮挡块，车轮挡块可置在任意车轮的前后 2. 安装尾排 3. 安装驾驶室三件套（脚垫、座椅套和转向盘套） 4. 检查挡位，变速杆应置于 P 挡；检查驻车制动器，手柄应拉紧

续表

作业内容	图解	技术规范
2. 起动发动机		**技术要求** 　1. 发动机起动前，要再次确认变速杆置于P档，拉起驻车制动器手柄 　2. 起动发动机
3. 将刮水器开关向上提一档		**技术要求** 将刮水器开关向上提一档
4. 检查洗涤器喷洒压力是否足够		**技术要求** 　1. 洗涤器喷射应有力 　2. 如果刮水器开动时无清洗液喷出，则刮水器电动机有可能被烧坏
5. 检查刮水器是否协同工作		**技术要求** 刮水器应协同工作，停止在最低位置

续表

作业内容	图解	技术规范
6. 检查洗涤液喷射位置是否正确		技术要求 　洗涤液喷射位置应集中在刮水器工作范围内
7. 调节喷射方向		技术要求 　1. 在喷嘴内插入一根与洗涤器喷嘴的孔相匹配的钢丝 　2. 调整喷洒的方向，对准喷嘴使洗涤液喷洒在刮水器刮水范围的中间
8. 检查刮水器各档位工作情况		技术要求 　1. 在发动机怠速运转情况下，操控刮水器开关，分别打到间歇、低速、高速档位，检查刮水器工作情况 　2. 各档位停留时间要适当，不宜过短
9. 关闭刮水器开关，检查刮水器自动停止位置		技术要求 　当刮水器开关关闭时，刮水器应自动停止在正确位置

续表

作业内容	图解	技术规范
10. 检查刮水器刮拭状况		**技术要求** 1. 刮水器不得产生以下问题： (1) 条纹式的刮水痕迹 (2) 刮水效果不好 2. 检查完毕应关闭发动机
11. 熄灭发动机		**技术要求** 将点火钥匙旋转到 OFF 档，熄灭发动机
12. 检查刮水片是否损坏		**技术要求** 检查刮水片是否磨损严重、老化、损坏等，如果是，则更换；检查是否黏附砂砾、昆虫等杂物，如果是，应清洁
13. 更换刮水片		**技术要求** 1. 卸下旧的刮水片 2. 安装新的刮水片 3. 安装新刮水片后要再次检查刮水器的刮拭效果

作业内容	图解	技术规范
14.5S 工作		**技术要求** 1. 依次收起转向盘套、座椅套和地板垫 2. 丢弃无法二次使用的转向盘套、座椅套和地板垫等废弃物。能二次使用的转向盘套、座椅套和地板垫应叠放整齐，放回原位 3. 收起尾排装置 4. 收回车轮挡块 5. 清洁车身、地面等 6. 整理车间，关闭用电设备开关

M.任务2 刮水器电动机的更换

任 务 目 标

完成本学习任务后，你应当：

(1)能说出刮水器电动机的更换流程；

(2)能进行刮水器电动机的更换。

建议完成本学习任务用4学时。

→ 任务实施 ─────────────────────────

1. 任务准备

(1)工作场景：多媒体教学教室，科鲁兹教学用车(图7-2-1)。

(2)主要设备：科鲁兹教学用车、成套组合工具车、多层零件车、工作台、世达工具(图7-2-2)、多媒体设备、白板、教学三脚架。

图 7-2-1 科鲁兹教学用车

图 7-2-2 准备的工具

(3)辅助材料：翼子板布、前格栅布、三件套、抹布、手套、车轮挡块、挂历白纸、白板笔、卡片纸、喷胶。

2. 实施步骤（表 7-2-1）

表 7-2-1 刮水器电机的更换

作业内容	图解	技术规范
1. 车辆的基本防护和安全检查		**技术要求** 1. 安装车轮挡块，车轮挡块可放置在任意车轮的前后 2. 安装尾排 3. 安装驾驶室三件套（脚垫、座椅套和转向盘套） 4. 检查档位，变速杆应置于 P 档；检查驻车制动器，手柄应拉紧
2. 抬起刮水片		**技术要求** 1. 检查刮水片是否损坏，如有损坏，及时更换 2. 检查刮水片摇臂杆是否有弯曲、折断现象，如果有，及时修理、更换
3. 取下刮水片		**技术要求** 找到刮水器卡扣，轻轻向里推刮水片，取下刮水片

续表

作业内容	图解	技术规范
4. 清洁刮水片		**技术要求** 1. 刮水片放到指定位置，清理干净 2. 仔细检查刮水片是否损坏，如果有，更换新刮水片
5. 取下塑料盖		**技术要求** 使用工具轻轻撬起塑料盖
6. 轻放摇臂		**技术要求** 将刮水片操作杆轻轻放下
7. 旋松螺栓		**技术要求** 1. 用中号扳手、套筒、接杆旋松操作杆固定螺栓 2. 取下固定螺母，放到指定工具车上

续表

作业内容	图解	技术规范
8. 取下摇臂		**技术要求** 取摇臂杆时将操作杆支起，轻轻用手向上提起，如果太紧，轻轻晃动便可
9. 取下发动机舱盖后的挡风雨条		**技术要求** 用手拆下发动机舱盖后的挡风雨条
10. 取下装饰板上的装饰扣		**技术要求** 轻轻取下螺母，放到指定位置，及时清洁螺栓处
11. 取下塑料装饰板		**技术要求** 1. 打开发动机舱盖，安装前格栅布、翼子板布 2. 取下风窗玻璃下方的塑料装饰板

续表

作业内容	图解	技术规范
12. 拔下插接器		技术要求 按下卡扣，取下刮水器电动机接线插接器
13. 旋松刮水器电动机的固定螺栓		技术要求 选择合适的工具旋松刮水器电动机的固定螺栓
14. 取下电动机及连杆机构		技术要求 轻轻从车上取下电动机及连杆机构
15. 拆下刮水器电动机		技术要求 选择合适的工具从连杆机构上拆下刮水器电动机

续表

作业内容	图解	技术规范
16. 检查刮水器电动机		**技术要求** 1. 连接导线，检查刮水器电动机是否能正常工作 2. 检查刮水器电动机是否能够实现低速、高速旋转
17. 安装复位		**技术要求** 按照与拆除时相反的步骤，将刮水器电动机复位
18.5S工作		**技术要求** 1. 收回车轮挡块 2. 清洁车身、地面等 3. 整理车间，关闭用电设备开关

M.任务 3 电动座椅的检修

任 务 目 标

完成本学习任务后，你应当：

(1)能说出电动座椅的功用和组成；

(2)能进行电动座椅的功能检查；

(3)能分析电动座椅的控制电路；

(4)能进行电动座椅的检修。

建议完成本学习任务用 6 学时。

→ **相关知识** ─────────────────────

一、 电动座椅的作用

为了提高驾驶人和乘客的舒适性，许多汽车安装了电动座椅，它可以满足驾驶人在多种姿势下的操作和安全要求，当然也包括乘客对舒适性和安全性的要求。

活动一：根据平时坐车的感受，谈谈自己对座椅的要求。

二、 电动座椅的组成

电动座椅由座椅开关、电动机、传动机构和控制装置等组成，如图 7-3-1 所示。

活动二：结合实车或台架进行电动座椅位置的调整，观察所调节座椅调节方向的幅度。

1. 电动机

电动机的数量取决于电动座椅的类型，通常两向移动座椅装有两个电动机，四向移动的座椅装有四个电动机，以此类推。大多数电动座椅使用永磁式电动机，通过开关来操纵电动机按不同方向旋转。为防止电动机过载，大多数永磁式电动机内装有断路器。

2. 传动机构

电动机的旋转运动通过传动机构改变座椅的空间位置。

(1)高度调整机构。高度调整机构由挠性驱动涡杆轴、涡轮、心轴等组成，如图 7-3-2 所示。调整时涡杆轴在电动机的驱动下，带动涡轮转动，从而保证心轴旋进或旋出，实现座椅

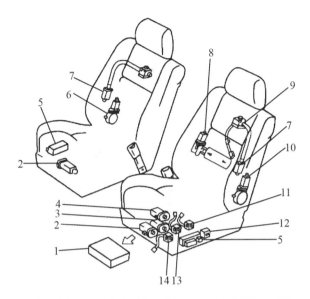

1—电动座椅 ECU　2—前后调节电动机　3—前高度调节电动机　4—后高度调节电动机　5—电动座椅开关　6—倾斜调节电动机　7—头枕调节电动机　8—腰垫调节电动机　9—位置传感器(头枕)　10—倾斜调节电动机和位置传感器　11—位置传感器(后高度)　12—腰垫开关　13—位置传感器(前高度)　14—位置传感器(前后)

图 7-3-1　电动座椅的组成

的上升与下降。

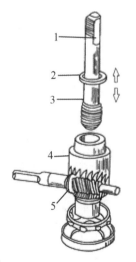

1—铣平面　2—止推垫片　3—心轴　4—涡轮　5—挠性驱动涡杆轴

图 7-3-2　高度调整机构

(2)纵向调整机构。纵向调整机构由涡杆、涡轮、齿条、导轨等组成，如图 7-3-3 所示。齿条装在导轨上，调整时，电动机转矩经涡杆传至两侧的涡轮 4 上，经导轨上的齿条，带动座椅前后移动。

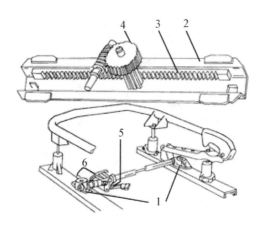

1—支承及导向元件　2—导轨　3—齿条　4—涡轮

5—反馈信号电位计　6—调整电动机

图 7-3-3　纵向调整机构

三、 电动座椅的基本工作原理

电动座椅最普通的功能是使用三个电动机实现座椅六个不同方向的位置调整：上、下、前、后、前倾、后倾。（如图 7-3-4 所示）三个电动机分别称为前高度调节电动机、后高度调节电动机与前后调节电动机。这三个电动机用以控制座椅前部高度、后部高度以及座椅的前后移动，实现座椅位置的调整。

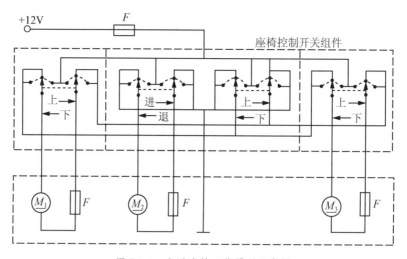

图 7-3-4　电动座椅工作原理示意图

四、 电动座椅的控制电路

以本田雅阁汽车驾驶座电动座椅控制电路为例进行分析，如图 7-3-5 所示，该车有 8 种可调方式：前端上、下调节，后端上、下调节，前、后调节，向前、向后倾斜调节。

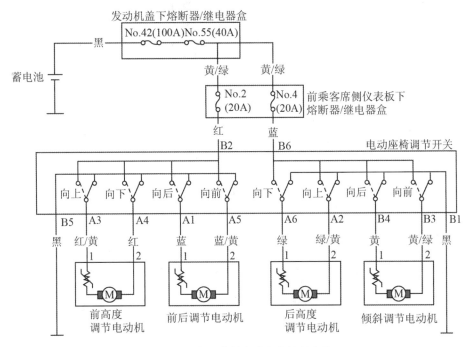

图 7-3-5　本田雅阁电动座椅控制电路

活动三：根据图 7-3-5，分析电动座椅各调整方向的控制电路。

五、 带记忆功能的电动座椅

有些电动座椅系统具有储存功能。配有位置传感器（电位计），用以检测座椅的调定位置，座椅的位置固定后，驾驶人按下存储器上相应的按钮，存储器就将位置传感器的信息存储起来，作为以后自动调整的依据。需要时，只要按存储器上相应的按钮，就能按储存的各个座椅的位置要求自动调整座椅的位置。图 7-3-6 为装有四个调整座椅的电动机和单独存储器的电动座椅系统示意图。

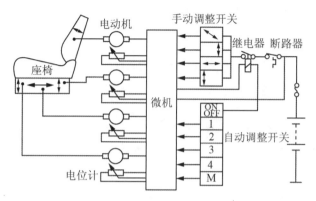

图 7-3-6　带记忆功能的电动座椅系统示意图

六、　电动座椅常见故障检修

电动座椅常见的故障有完全不动作或某个方向不能工作。

1. 电动座椅完全不动作

（1）主要原因：熔断器断路；线路断路；座椅开关有故障等。

（2）诊断步骤：先检查熔断器是否断路，若熔断器良好，则应检查线路连接是否正常，最后检查开关。对于有存储功能的电动座椅系统，还应检查控制单元（ECU）的电源电路和搭铁线是否正常，若开关、线路等都正常，应检查控制单元。

2. 电动座椅某个方向不能工作

（1）主要原因：该方向对应的电动机损坏；开关、连接导线断路。

（2）诊断步骤：先检查线路是否正常，再检查开关和电动机。

活动四：结合图 7-3-5，分析电动座椅某个方向调节功能丧失的故障原因。

→ **任务实施**

1. 任务准备

（1）工作场景：理实一体化教室、教学用车。

（2）主要设备：教学用车、尾气抽排装置、多媒体设备、白板、教学三脚架。

（3）辅助材料：翼子板布和前格栅布、三件套、抹布、手套、车轮挡块、海报纸、白板笔、卡片纸、喷胶。

实施步骤（表 7-3-1）

表 7-3-1　电动座椅的功能检查

作业内容	图解	技术规范
1. 车辆的基本防护和安全检查	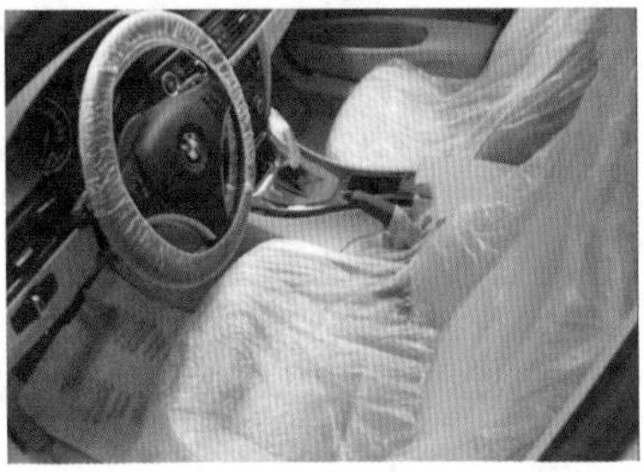	**技术要求** 1. 安装车轮挡块，车轮挡块可放置在任意车轮的前后 2. 安装驾驶室三件套（脚垫、座椅套和转向盘套） 3. 检查档位，变速杆应置于 P 档；检查驻车制动器，手柄应拉紧
2. 检查电动座椅有无松动	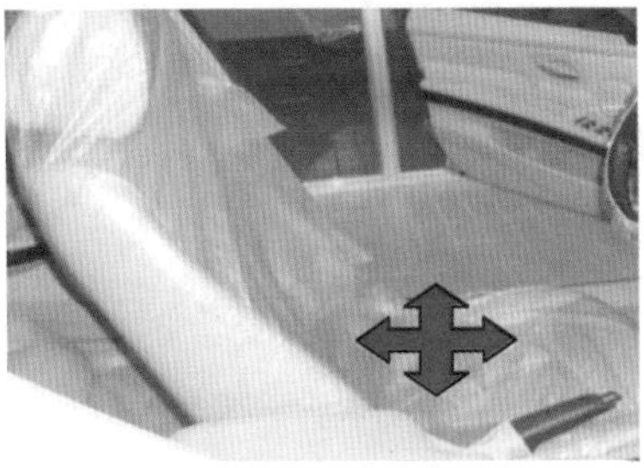	**技术要求** 1. 用手抓紧电动座椅前后、左右轻微地晃动，感觉是否有明显的松动或明显的异响 2. 如果有明显的松动，必须紧固电动座椅螺栓并做进一步的检查
3. 检查电动座椅的纵向、垂直、倾斜移动情况	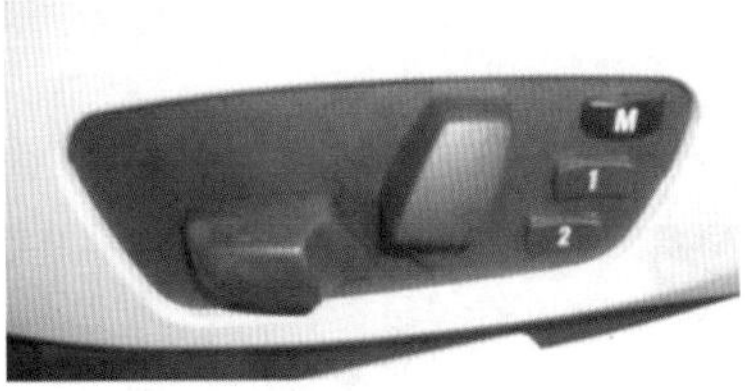 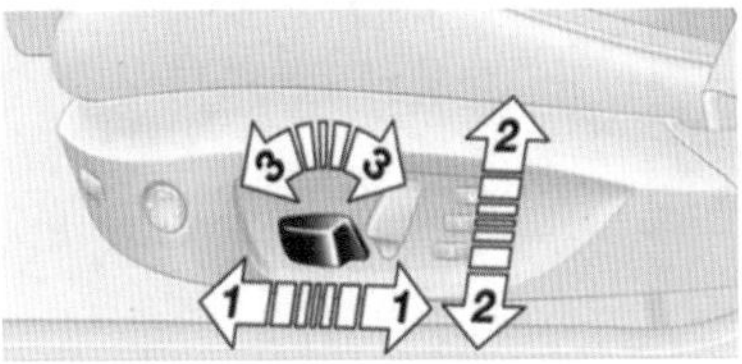	**技术要求** 按照图示操作按钮，观察座椅的变化
4. 检查电动座椅靠背调整情况	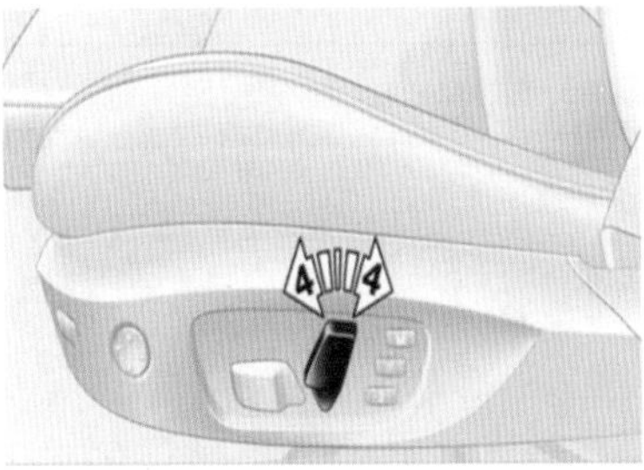	**技术要求** 按照图示操作按钮，观察座椅靠背的变化

续表

作业内容	图解	技术规范
5. 检查电动座椅位置记忆功能		**技术要求** 　可以存储和调用两个不同的驾驶人座椅位置 　1. 接通收音机待机状态和点火装置 　2. 设置所需要的座椅位置 　3. 按压按钮 **M**，按钮内的指示灯亮起 　4. 按压希望的存储按钮 1 或 2，指示灯熄灭 　5. 关闭并再打开点火开关，按压住按钮 1 或 2，看座椅是否按照记忆向目标位置自行调整
6. 检查电动座椅头枕功能		**技术要求** 　1. 头枕向上移动：向上拉头枕。 　2. 头枕向下移动：按压按钮，然后向下按头枕。 　3. 拆卸头枕：将头枕向上拉至极限位置。按压按钮（箭头 1），然后取出头枕
7. 5S 工作		**技术要求** 　1. 依次收起转向盘套、座椅套和地板垫 　2. 丢弃无法二次使用的转向盘套、座椅套和地板垫等废弃物。能二次使用的转向盘套、座椅套和地板垫应叠放整齐，放回原位 　3. 收回车轮挡块 　4. 清洁车身、地面等 　5. 整理车间，关闭用电设备开关

任务 4　电动车窗的检修

任务目标

完成本学习任务后，你应当：

(1)能说出电动车窗的功用和组成；

(2)能进行电动车窗的功能检查；

(3)能分析电动车窗的控制电路；

(4)能进行电动车窗的检修；

(5)能认识不同国产品牌之间辅助电气的类型。

建议完成本学习任务用 8 学时。

➔ 相关知识

一、　电动车窗的作用

为了方便驾驶人和乘客，减轻劳动强度，许多汽车采用了电动车窗，利用电动机来驱动升降器使车窗上下移动。

活动一：结合整车进行电动车窗的操控。

二、　电动车窗的特点

(1)具有单按系统。

(2)能够在车外关闭门窗。

(3)具有安全控制。

三、　电动车窗的分类

电动车窗按结构形式分类，可分为交叉臂式电动车窗、绳轮式电动车窗和软轴式电动车窗等。

1. 交叉臂式电动车窗

交叉臂式电动车窗在豪华和高速型汽车上很少使用，但在其他汽车上应用广泛。

2. 绳轮式电动车窗

绳轮式电动车窗主要应用于轿车，在其他车上很少使用，如图 7-4-1 所示。

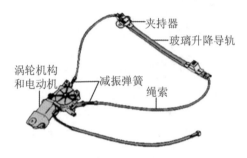

夹持器
玻璃升降导轨
涡轮机构和电动机
减振弹簧
绳索

图 7-4-1　绳轮式电动车窗的基本结构

3. 软轴式电动车窗

各种汽车均可采用软轴式电动车窗，软轴式玻璃升降机构如图 7-4-2 所示。

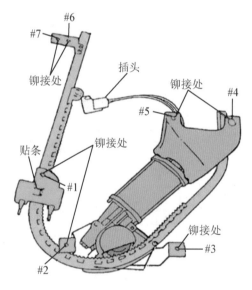

#6
#7
铆接处
插头
铆接处
#4
#5
贴条
铆接处
#1
铆接处
#3
#2

图 7-4-2　软轴式玻璃升降机构

四、 电动车窗的组成

电动车窗主要由车窗升降器，电动机，开关（主控开关、分控开关）等组成。主控开关用于驾驶人操纵电动门窗控制系统，一般安装在左前车门把手上或变速杆附近，如图 7-4-3 所示。

车窗升降器有两种形式：一种是用齿扇来实现换向作用，如图 7-4-4 所示；另一种使用柔性齿条和小齿轮，车窗连在齿条的一端，电动机带动轴端小齿轮转动，使齿条移动，以带动车窗的升降器，如图 7-4-2 所示。

图 7-4-3　电动车窗的主控开关

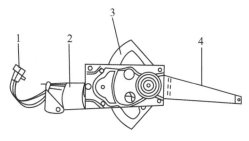

1—电缆接头　2—电动机　3—齿扇　4—推力杆

图 7-4-4　电动车窗齿扇式升降器

五、　电动车窗的基本工作原理

不同汽车所采用的电动车窗的控制电路不同，按电动机的励磁方式不同分为以下两种。

1. 永磁式电动机的电动车窗控制电路

特点是电动机不直接搭铁，电动机的搭铁受开关控制，通过改变电动机的电流方向来改变电动机的转向，从而实现车窗的升降，如图 7-4-5 所示。

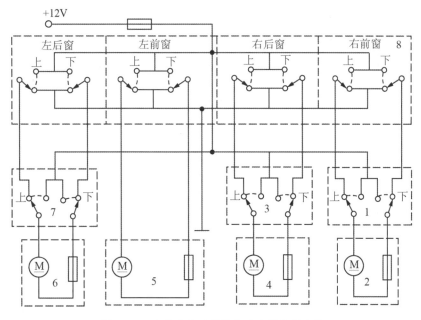

图 7-4-5　永磁式电动机的电动车窗控制电路

2. 绕线式电动机的电动车窗控制电路

电动机一端直接搭铁，电动机有两组磁场绕组，通过接通不同的励磁绕组，使电动机有不同的转向，实现车窗的升降，如图7-4-6所示。

活动二：结合图7-4-5和图7-4-6，分析各个电动车窗的上升与下降的控制电路，分析由主控开关和分控开关分别控制的同一车窗的控制电路。

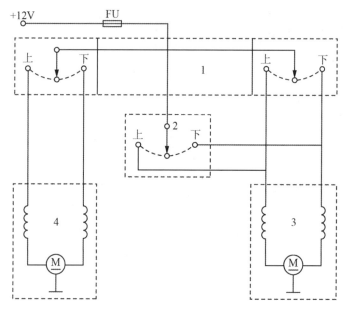

1—驾驶人主控开关组件 2—右前车窗开关 3—右前车窗电动机 4—左前车窗电动机

图 7-4-6 绕线式电动机的电动车窗控制电路

六、 电动车窗的常见故障检修

电动车窗常见故障有：所有车窗均不能升降；某车窗不能升降或只能向一个方向运动。

1. 所有车窗均不能升降

(1)主要原因：熔断器断路；连接导线断路；有关继电器、开关损坏；电动机损坏；搭铁点锈蚀、松动。

(2)诊断步骤：首先检查熔断器是否断路。若熔断器良好，则应将点火开关接通，检查有关继电器和开关火线接线柱上的电压是否正常，若电压为零，应检查电源线路；若电压正常，则应检查搭铁线是否良好。若搭铁不良，应清洁、紧固搭铁线；若搭铁良好，应对继电器、开关和电动机进行检测。

2. 某车窗不能升降或只能向一个方向运动

（1）主要原因：该车窗按键开关损坏；该车窗电动机损坏；连接导线断路；安全开关故障。

（2）诊断步骤：如果车窗不能升降，首先检查安全开关是否工作，该车窗的按键开关工作是否正常，再通电检查该车窗的电动机正反转是否运转稳定。若有故障，应检修或更换新件；若正常，则应检修连接导线。如果车窗只能向一个方向运动，一般是按键开关故障或部分线路断路或接错所致，可以先检查线路连接是否正常，再检修开关。

七、 电动天窗

电动天窗按操作方式不同可分为手动旋转式、手动上推式、电子按键式；按开启状态不同分为上掀外滑式、上掀内滑式。电动天窗的组成如图 7-4-7 所示。

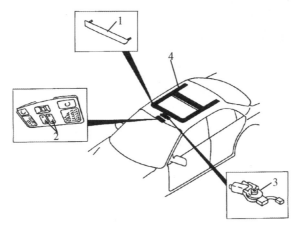

1—偏转板　2—天窗开关　3—天窗电动机　4—天窗单元

图 7-4-7　电动天窗的组成

> **思考**：在汽车逐渐智能化的现在，单一的电动车窗功能已经不能满足人们的需求，追求舒适的驾乘环境和个性化需求定制成为主流。国产品牌汽车的崛起和发展深化影响了新一代年轻人的爱国主义、集体主义和社会主义，增强了民族自豪感。请选择一个你喜欢的国产品牌车辆对其辅助电气设备的智能化作简介并分享。

⊙ **任务实施** ──────────────────────────────────────

1. **任务准备**

（1）工作场景：理实一体化教室、教学用车。

（2）主要设备：教学用车、尾气抽排装置、多媒体设备、白板、教学三脚架。

（3）辅助材料：翼子板布、前格栅布、三件套、车轮挡块、抹布、白板纸、白板笔、卡片纸、喷胶。

2. **实施步骤**（表 7-4-1）

表 7-4-1　电动车窗和电动天窗的功能检查

作业内容	图解	技术规范
1. 车辆的基本防护和安全检查		**技术要求** 1. 安装车轮挡块，车轮挡块可放置在任意车轮的前后 2. 安装驾驶室三件套（脚垫、座椅套和转向盘套） 3. 检查档位，变速杆应置于 P 档；检查驻车制动器，手柄应拉紧
2. 检查驾驶人侧车窗		**技术要求** 1. 打开点火开关 2. 依次按压各按钮，检查对应车窗是否有状态变化 3. 轻按或轻拉开关，查看车窗玻璃是否能够实现点动升降 4. 将开关使劲按到底或者向上拉到底，查看车窗玻璃是否能够实现自动升降 5. 检查车窗在升降过程中有无异响

续表

作业内容	图解	技术规范
3. 检查后排车窗安全锁止键		**技术要求** 　1. 此开关用于避免在行车中乘坐在后排的儿童随意通过后座区的车窗开关打开和关闭车窗而引起的伤害事故。在此安全功能接通时 LED 指示灯亮起 　2. 此时操作后排车窗的开关，车窗没有反应
4. 检查前排乘员侧及后排车窗		**技术要求** 　1. 打开点火开关 　2. 依次按压各按钮，检查对应车窗是否有状态变化 　3. 轻按或轻拉开关，查看车窗玻璃是否能够实现点动升降 　4. 将开关使劲按到底或者向上拉到底，查看车窗玻璃是否能够实现自动的升降 　5. 检查车窗在升降过程中有无异响
5. 车窗启动紧急模式		**技术要求** 　为了能够无故障地进行设置，首先要保证：车辆停止；有足够的蓄电池电压，如有必要，连接充电器；点火钥匙处在收音机档位或 ON 档位；所有车门都已关闭
6. 检查电动天窗		**技术要求** 　旋转点火钥匙到 ON 档位；在收音机工作状态下约 15 min 内；在取下遥控器或关闭收音机工作状态下约 1 min 内可操作电动天窗： 　1. 向上按压开关，在活动天窗关闭时它自动升起，同时滑动遮阳板打开一点。在活动天窗打开时它位于自动升起位置。滑动遮阳板保持完全打开状态 　2. 向后将开关推到压力作用点，活动天窗和滑动遮阳板同时打开，直至松开开关为止

续表

作业内容	图解	技术规范
		3. 将开关推过其压力作用点，活动天窗和滑动遮阳板自动运行打开。再按一次开关，打开过程停止 4. 将开关向前推过其压力作用点。活动天窗自动运行关闭 在以上 4 个步骤的操作中观察电动天窗的状态，判断故障点和故障原因
7. 电动天窗的初始化		【技术要求】 断电后可能会发生电动天窗只能升起的现象。如果这样必须对该系统进行初始化设置： 1. 旋转点火钥匙到 ON 档位，使天窗处在完全关闭的位置 2. 向上顶天窗的开关，使天窗自动升起，同时滑动遮阳板打开一点 3. 再次向上顶住天窗的开关，等待 15～20 s，天窗开始自动运行到完全打开，接着继续自动运行到完全关闭的位置 4. 初始化结束，此时天窗具有自动打开和关闭的功能，还具有防夹功能
8.5S 工作		【技术要求】 1. 依次收起转向盘套、座椅套和地板垫 2. 丢弃无法二次使用的转向盘套、座椅套和地板垫等废弃物。能二次使用的转向盘套、座椅套和地板垫应叠放整齐，放回原位 3. 收回车轮挡块 4. 清洁车身、地面等 5. 整理车间，关闭用电设备开关

M任务 5　电动后视镜的检修

任 务 目 标

完成本学习任务后，你应当：

(1)能说出电动后视镜的功用和组成；

(2)能进行电动后视镜的功能检查；

(3)能分析电动后视镜的控制电路；

(4)能进行电动后视镜的检修。

建议完成本学习任务用 6 学时。

→ 相关知识

一、 电动后视镜的作用

为了便于驾驶人调整后视镜的角度，许多汽车安装了电动后视镜，驾驶人坐在座椅上通过操作按钮就可以方便、快捷地对左右后视镜的后视角度进行调节。

活动一：结合整车进行电动后视镜调整的基本操作。

二、 后视镜的电动控制内容

1. 后视镜的位置调整功能

通过对后视镜位置的调整，驾驶人能更全面地观察汽车周围的路况，后视镜位置的具体调整因人而异。

2. 后视镜的电动伸缩功能

有的后视镜带有伸缩功能，由伸缩开关控制伸缩电动机工作，使整个后视镜回转、伸出或缩回。后视镜折叠能节省很大的空间，同时可避免后视镜受损。

3. 后视镜的加热功能

后视镜的加热功能主要用于冬季和雨天。

三、 电动后视镜的组成

电动后视镜由调整开关、驱动电动机、镜片等组成，如图 7-5-1 所示。电动后视镜的调整开关因车而异，图 7-5-2 和图 7-5-3 是两种典型的后视镜调整开关。

电动后视镜的背后装有两套电动机和驱动器，可操纵反射镜上下及左右转动。通常上下方向的转动用一个电动机控制，左右方向的转动由另一个电动机控制。通过改变电动机的电流方向，即可完成后视镜的上下及左右调整。

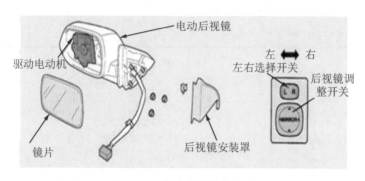

图 7-5-1　电动后视镜的组成

图 7-5-2　丰田威驰电动后视镜调整开关　　　图 7-5-3　桑塔纳 2000 电动后视镜调整开关

活动二：结合实车，正确拆卸电动后视镜的镜片，找到组成电动后视镜的零部件。

四、 电动后视镜的控制电路

1. 普通电动后视镜的控制电路

图 7-5-4 为桑塔纳 2000 电动后视镜的控制电路图，主要由电动机（V33、V34、V35、V36），调整开关 E43，选择开关 E48，熔丝（S128、S18）等组成。其工作原理：通过选择开关

E48 是选择调整左后视镜还是右后视镜的位置，通过拨动调整开关 E43 实现后视镜上下、左右四个方向的调整，直到调整到适合驾驶人的观察位置。表 7-5-1 为桑塔纳 2000 电动后视镜各方向调整时的控制开关工作状态表。

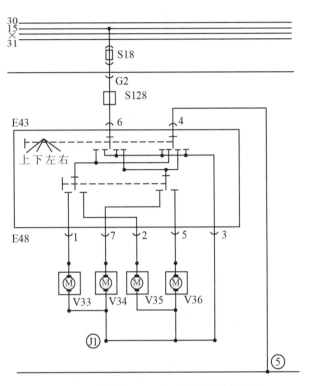

图 7-5-4　桑塔纳 2000 电动后视镜控制电路

表 7-5-1　桑塔纳 2000 电动后视镜控制开关的工作状态表

后视镜	动作	端子号						
		1	2	3	4	5	6	7
左	上	●		●	●		●	
	下	●		●	●		●	
	左			●	●			●
	右						●	●
右	上		●		●		●	
	下		●	●			●	
	左				●	●	●	
	右			●	●	●		

活动三：根据表 7-5-1 和图 7-5-4，分析桑塔纳 2000 电动后视镜各方向调整时的控制电路。

2. 带电动伸缩功能的电动后视镜的控制电路

图 7-5-5 为带电动伸缩功能的电动后视镜的控制电路，其工作原理为：当驾驶人需要把电动后视镜收缩起来减小车辆宽度时，驾驶人按下后视镜伸缩控制开关，伸缩电动机控制电路被接通，伸缩电动机工作，后视镜收缩。

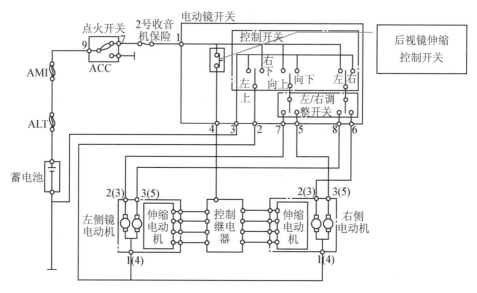

图 7-5-5　带电动伸缩功能的电动后视镜的控制电路

3. 带加热功能的电动后视镜的控制电路

带加热功能的电动后视镜的控制电路如图 7-5-6 所示。当驾驶人需要对后视镜进行加热时，按下除雾器开关（图 7-5-7），后视镜里的除雾器（加热片）（图 7-5-8）电路接通，后视镜开始加热除雾。

五、 电动后视镜的常见故障检修

电动后视镜的常见故障为：电动后视镜都不工作；电动后视镜部分功能不正常。

1. 电动后视镜都不工作

（1）主要原因：保险装置或电源线路、搭铁线路断路，控制开关有故障等。

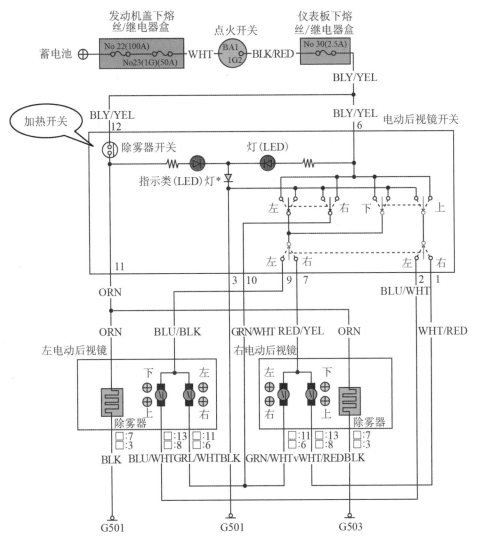

图 7-5-6　带加热功能的电动后视镜的控制电路

图 7-5-7　电动后视镜加热开关

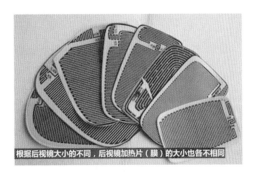

图 7-5-8　电动后视镜加热片

(2)诊断步骤：先检查保险装置是否正常，然后检查控制开关线头有无脱落、松动，电源线路或搭铁线路是否正常，最后检查控制开关。

2. 电动后视镜部分功能不正常

(1)主要原因：个别电动机及控制开关对应部分有故障，对应线路断路、接触不良等。

(2)诊断步骤：先检查线路连接情况，再检查开关和电动机。

M.任务 6　中控门锁的检修
MISSION

任　务　目　标

完成本学习任务后，你应当：

(1)能说出中控门锁的功用和组成；

(2)能进行中控门锁的功能检查；

(3)能分析中控门锁的控制电路；

(4)能进行中控门锁的检修。

建议完成本学习任务用 8 学时。

→ 相关知识

一、　中控门锁的作用

汽车门锁是保证汽车行驶安全的一项重要设备，门锁的基本要求是能将车门可靠锁紧。为了提高汽车使用的安全性、方便性，现代汽车都安装了中控门锁系统。

活动：结合实车进行中控门锁的基本操作。

二、　中控门锁的控制方式

1. 中央控制

当驾驶人锁住身边的车门时，其他车门同时锁住，驾驶人可通过门锁开关同时打开各个车门，也可单独打开某个车门。

2. 速度控制

当行车达到一定速度时，各个车门能自行上锁，防止乘员误操作车门把手而导致车门打开。

3. 单独控制

除驾驶人身边的车门以外，在其他车门设置单独的弹簧锁开关，可独立地控制一个车门的解锁和上锁。

三、 中控门锁的组成

1. 中控门锁控制开关

中控门锁控制开关如图 7-6-1 所示。

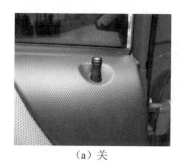 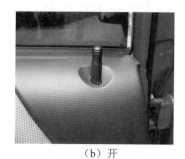

（a）关　　　　　　　　　　　（b）开

图 7-6-1　中控门锁控制开关

2. 门锁执行机构

（1）电磁铁式门锁执行机构。内部有两个电磁线圈，分别用于开启和关闭门锁，如图 7-6-2 所示。

（2）电动机式门锁执行机构。采用可逆式电动机，如图 7-6-3 所示。利用控制直流电动机的正反转来实现门锁的开、关动作。直流电动机式中控门锁主要由双向电动机、导线、继电器、门锁开关及连杆操纵机构组成。

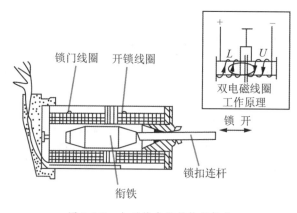

图 7-6-2　电磁铁式门锁执行机构

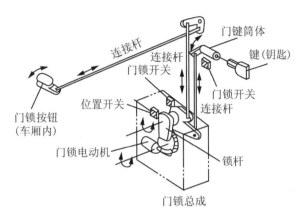

图 7-6-3　电动机式门锁执行机构

3. 门锁控制器

门锁控制器为门锁执行机构提供锁、开脉冲电流，分为晶体管式门锁控制器、电容式门锁控制器、车速感应式门锁控制器。现在汽车上常用的是车速感应式门锁控制器，如图 7-6-4 所示。其工作原理如下：

(1)当汽车车速小于 10 km/h 时，有一个车门未上锁，这时驾驶人侧以外的车门报警灯开关闭合，车门报警灯亮。由于车速小于 10 km/h，10 km/h 开关闭合，VT_1 导通，VT_2 截止，车门不自动上锁。如需上锁，可以按下锁定开关进行上锁。

(2)当汽车车速大于 10 km/h 时，若有车门未上锁，驾驶人侧以外的车门报警灯开关闭合，车门报警灯亮。由于车速大于 10 km/h，10 km/h 开关断开，VT_1 截止，VT_2 导通，L_1 线圈通电，闭锁继电器闭合，门锁执行机构电动机通电，未锁的车门实现自动上锁。

四、 中控门锁的基本工作原理

驾驶人或乘客利用门锁开关可以接通或断开门锁继电器，门锁继电器包括锁定和开锁两个继电器，如图 7-6-5 所示。门锁开关都不接通时，所有电动机两端都通过继电器直接搭铁，电动机不转；门锁开关接通(开锁或锁定)时，一个继电器通电，使电动机一端不再搭铁而是与电源接通，电动机通过两个继电器和电源构成回路而通电运转。不同的继电器工作可以改变电动机中电流的方向，使门锁电动机的转向改变，实现开锁和锁定。

五、 中控门锁系统的常见故障检修

中控门锁常见故障为：全部门锁均不能工作；某个门锁不能工作。

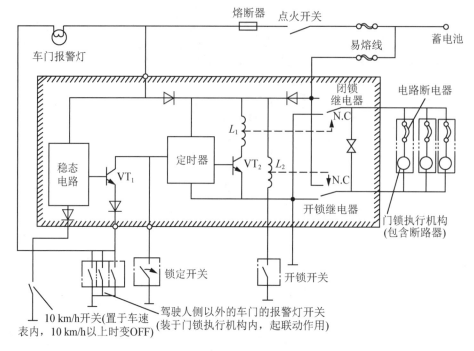

图 7-6-4　车速感应式门锁控制器

1. 全部门锁均不能工作

（1）主要原因：熔断器断路；继电器故障；门控开关触点烧蚀；搭铁点锈蚀或松动；连接线路断路等。

（2）诊断步骤：首先检查熔断器是否断路。若熔断器良好，则应将门控开关接通，检查电动机接线柱上的电压是否正常，若电压为0，则应检查继电器和电源线路；若电压正常，则应检查搭铁线是否良好。搭铁不良时，应清洁、紧固搭铁线；若搭铁良好，应对开关和电动机进行检测。

2. 某个门锁不能工作

（1）主要原因：该门锁电动机损坏或对应开关、连接导线断路等。

（2）诊断步骤：先检查线路是否正常，再检查开关和电动机。

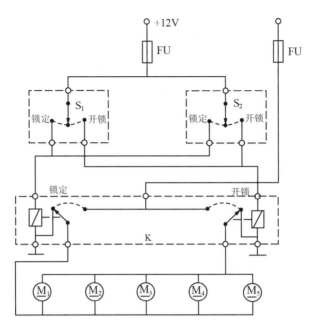

S₁—左前门锁开关　S₂—右前门锁开关　K—门锁继电器　M₁—尾门锁电动机　M₂—左后门锁电动机

M₃—左前门锁电动机　M₄—右前门锁电动机　M₅—右后门锁电动机　F—熔断器

图 7-6-5　中控门锁的控制电路

六、门锁无线遥控系统

门锁无线遥控的基本工作原理如图 7-6-6 所示，遥控钥匙的结构如图 7-6-7 所示。

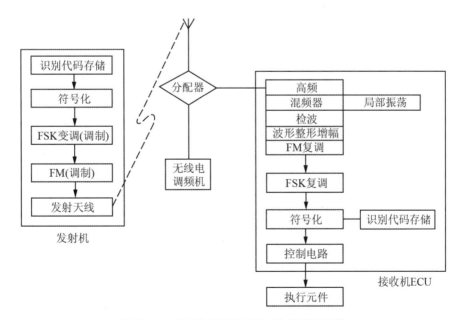

图 7-6-6　门锁无线遥控系统工作原理示意图

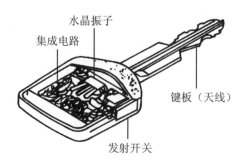

图 7-6-7 遥控钥匙的结构

项目 8 PROJECT 车辆安全系统构造与维修

项 目 概 述

车辆安全分主动安全和被动安全两大系统。主动安全的任务是通过措施和技术设备来避免事故的发生，被动安全的任务是指通过车内相关设施来减轻由于车祸对驾驶人和其他人员造成的不良后果。

本项目包含三个基本学习任务：任务1——安全带的检修；任务2——安全气囊的认知；任务3——汽车防盗系统的检修。

通过本项目的学习，要在知识、技能、行为习惯、职业素养等方面达到以下相关要求。

序号	学习内容(知识、技能、行为习惯、职业素养等)	评价标准			
		了解、知道	理解、掌握	指导下操作	独立操作
1	安全、规范的操作				√
2	工作、学习环境整洁有序				√
3	执行 5S 现场管理				√
4	合作学习、积极思考				√
5	安全带的功用和组成		√		
6	安全带的功能检查			√	
7	安全带的工作原理		√		
8	安全带的检修				√
9	安全气囊的功用和组成	√			
10	安全气囊在实车上的位置		√		
11	安全气囊使用注意事项		√		
12	安全气囊的工作原理		√		

续表

序号	学习内容（知识、技能、行为习惯、职业素养等）	评价标准			
		了解、知道	理解、掌握	指导下操作	独立操作
13	汽车防盗系统的功用和组成		√		
14	汽车防盗系统的功能检查				√
15	汽车防盗系统的工作原理		√		
16	汽车防盗系统的检修				√

M任务 ISSION 1 安全带的检修

完成本学习任务后，你应当：

(1)能说出安全带的功用和组成；

(2)能进行安全带的功能检查；

(3)能分析安全带的工作原理；

(4)能进行安全带的检修。

建议完成本学习任务用 2 学时。

→ 相关知识

一、 安全带的功用

汽车安全带是汽车比较重要的装置之一，在碰撞时对驾驶人及乘员进行约束以及避免碰撞时驾驶人与转向盘及仪表板等发生二次碰撞或避免碰撞时驾驶人和乘员冲出车外导致死伤，安全带如图 8-1-1 所示。

活动：结合实车进行安全带的正确佩戴。

二、 安全带的分类

1. 按固定方式分

按固定方式不同，安全带可以分为两点式、三点式、四点式三种。

(1)两点式安全带。

两点式安全带是在车体或座椅上仅有两个固定点的安全带。这种安全带又可分为腰带(或膝带)式和肩带式两种，如图 8-1-2 所示。

两点式安全带的软带从腰的两侧挂到腹部，形似腰带，在碰撞事故中可以防止驾驶人和乘员身体前移或从车内被甩出，优点是使用方便，容易解脱。缺点是驾驶人和乘员上身容易前倾，前座驾驶人和乘员头部易撞到仪表板或前风窗玻璃上。这种安全带在汽车上

图 8-1-1 安全带

应用广泛。

（a）两点式安全带——腰带　　（b）两点式安全带——肩带

图 8-1-2　两点式安全带

（2）三点式安全带。

三点式安全带是在两点式安全带的基础上增加了肩带，在靠近肩部的车体上有一个固定点，可同时防止驾驶人和乘员躯体前移和上半身前倾，增强了驾驶人和乘员的安全性。

如图 8-1-3 所示，它由腰带和肩带组合而成。

（3）四点式安全带。

驾驶人和四点式安全带是在两点式安全带上连接两根肩带而构成的，一般用于赛车上，如图 8-1-4 所示。

图 8-1-3　三点式安全带　　　　　　图 8-1-4　四点式安全带

2. 按智能化程度分

按智能化程度来分，安全带分为被动式安全带（图 8-1-4）与自动式安全带。

（1）被动式安全带需要驾驶人和乘员的操作才能起作用，即需要驾驶人和乘员自己佩戴。目前大部分汽车所装配的都是被动式安全带。

（2）自动式安全带是一种自动约束驾驶人或乘员的安全带，即在汽车起动时，不需驾驶人或乘员操作就能自动提供保护，驾驶人和乘员上下车时也不需要任何操作动作。自动安全带有全自动式安全带和半自动式安全带两种。

三、安全带的组成

汽车安全带主要由织带、卷收器和固定机构等组成，如图 8-1-5 所示。

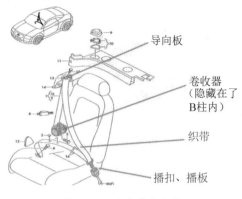

图 8-1-5　安全带的组成

1. 织带

织带是用尼龙或聚酯等合成纤维织成的宽约 50 mm、厚约 1.2 mm 的带(有些汽车要求厚度为 1.5 mm)。根据不同的用途,人们对于织带的宽度、伸长量、抗拉强度、能量吸收性和阻燃性都有不同的要求。

2. 卷收器

卷收器的作用是贮存织带和锁止织带拉出,它是安全带系统中最复杂的机械件。卷收器与织带的一端相连,由内部的预紧弹簧来提供收紧织带的力矩,从而实现安全带机械式自动调整长度的功能。

3. 固定机构

固定机构包括带扣、锁舌、固定销和固定座等。带扣及锁舌是系紧和解开座椅安全带的装置。将织带的一端固定在车身的称为固定板,车身固定端称为固定座,固定用螺栓称为固定螺栓。肩部安全带固定销的位置对系安全带时的便捷性有很大的影响,因此为了适合各种身材的驾驶人和乘员,一般都选用可调节式固定机构,能够上下调节肩部安全带的位置。

注意:为什么不能快速拉动安全带?

由于快速拉动安全带时,离心力作用使图 8-1-6 中的凸轮块甩动起来,再通过与其他固定的滑动销把棘爪拉向棘轮,从而实现安全带的锁止。

（a）示意图一　　　　　　（b）示意图二　　　　　　（c）示意图三

图 8-1-6　棘轮和棘爪示意图

四、安全带的工作原理

理想的安全带作用过程为：第一，及时收紧，在事故发生的第一时刻毫不犹豫地把人"按"在座椅上；第二，适度放松，待冲击力峰值过去，或人已经受到气囊的保护时，适当放松安全带，避免因拉力过大而使人肋骨受伤。先进的安全带都带有预收紧装置和拉力限制器，如图 8-1-7 所示。

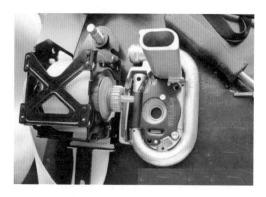

图 8-1-7　安全带的工作原理图

（1）安全带预收紧装置。

当事故发生时，人向前，座椅往后，此时如果安全带过松，则后果很可能是人从安全带下面滑出去，或者人已碰到了气囊，此时安全带由于张紧余量过大而未能及时绷紧，即未能像希望的那样先缓解掉一部分冲力，而是将全部负担都交给了气囊。这两种情况都有可能导致人严重受伤，安全带预收紧装置是负责提供瞬间绷紧的安全带。当汽车受到碰撞时，气囊电脑会发出收紧信号，预拉紧装置被激发，导管内气体引发剂立即引爆，产生大量气体，使活塞带动钢珠，然后钢珠带动驱动轮运转，使卷收器里的卷筒转动把织带往回拉，拉到一定程度时卷收器会锁止织带，从而固定人的身体，如图 8-1-8 所示。

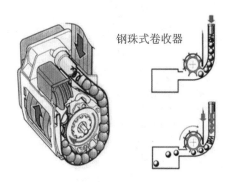

图 8-1-8　安全带预收紧装置——钢珠式卷收器

（2）安全带拉力限制器。

在事故发生后，安全带在预收紧装置的作用下已经绷紧，为了在受力峰值过去后，安全带的张紧力度马上降低，以减小人受力，用安全带拉力限制器来降低张紧力度。在安全带装置上，当负荷达到预定情况时，安全带轴心里的钢质扭转棒即开始扭曲，这样就在一定程度上放松了安全带，实现了安全带的拉力限制功能。

⊙ 知识拓展 ──────────────────────────────────●

汽车儿童安全座椅

2022 年我国《未成年人保护法》第十八条规定：未成年人的父母或者其他监护人应当采取配备儿童安全座椅、教育未成年人遵守交通规则等措施，防止未成年人受到交通事故的伤害。

汽车儿童安全座椅（图 8-1-9）也称儿童约束系统（Child Restraint System，CRS），是一种专为不同年龄（或体重）儿童设计的安装在汽车内，能有效提高儿童乘车安全性的座椅。欧洲法规"ECE R44/03"对儿童安全座椅的定义是：能够固定到机动车辆上，由带有卡扣的安全带组件或柔韧性部件、调节机构、附件等组成的儿童安全防护系统。可与附加装置如可携式童床、婴儿提篮、辅助性座椅或碰撞防护物等组合而成。在汽车发生碰撞或突然减速的情况下，通过减缓对儿童的冲击力和限制儿童的身体移动来减少对他们的伤害，确保儿童的乘车安全。

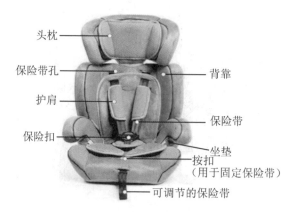

图 8-1-9 儿童安全座椅

头枕
保险带孔
护肩
保险扣
背靠
保险带
坐垫
按扣
（用于固定保险带）
可调节的保险带

→ **任务实施**

1. 任务准备

（1）工作场景：别克君威教学用车。

（2）主要设备：工具车、工作台。

（3）辅助材料：翼子板布和前格栅布、三件套、抹布、车轮挡块、手套、挂历白纸、白板笔、卡片纸、喷胶。

2. 任务实施（表 8-1-1）

表 8-1-1 安全带的功能检查

作业内容	图解	技术规范
1. 车辆的基本防护和安全检查		**技术要求** 1. 安装车轮挡块，车轮挡块可放置在任意车轮的前后 2. 安装尾排 3. 安装驾驶室三件套（脚垫、座椅套和转向盘套） 4. 检查档位，变速杆应置于 P 档；检查驻车制动器，手柄应拉紧

续表

作业内容	图解	技术规范
2. 检查仪表盘安全带报警系统		**技术要求** 　检查主驾安全带报警系统。在没有系安全带的情况下会发出警报声，仪表盘会有提示音
3. 系好安全带		**技术要求** 　系好安全带
4. 观察仪表盘警告灯		**技术要求** 　1. 系好安全带后观察安全带报警灯是否关闭 　2. 检查安全带是否具有锁紧功效，能够自由拉伸并锁止
5. 检查驾驶人侧安全带织带		**技术要求** 　1. 检查织带的磨损情况，是否有划痕、破裂 　2. 检查卷收器在正常情况下是否处于解锁状态，能够自由拉升

续表

作业内容	图解	技术规范
6.检查后排乘员安全带织带		技术要求 1.检查织带磨损情况 2.将安全带全部拉出看能否回到原位
7.检查后排座椅安全带锁扣		技术要求 检查后排座椅的卡扣锁止情况
8.5S工作		技术要求 1.依次收起转向盘套、座椅套和地板垫 2.丢弃无法二次使用的转向盘套、座椅套和地板垫等废弃物。能二次使用的转向盘套、座椅套和地板垫应叠放整齐，放回原位 3.收起尾排装置 4.收回车轮挡块 5.清洁车身、地面等 6.整理车间，关闭用电设备开关

MISSION 任务 2　安全气囊的认知

任 务 目 标

完成本学习任务后，你应当：

(1) 能说出安全气囊的功用和组成部分；

(2) 能指出安全气囊在实车上的位置；

(3) 能说出安全气囊使用注意事项；

(4) 能分析安全气囊的工作原理。

建议完成本学习任务用 4 学时。

→ 相关知识

一、安全气囊的功用

在汽车行驶过程中，一些意外交通情况的出现和机械故障的发生，往往会导致交通事故。由于交通事故的发生具有意外性，发生时间极短，驾乘人员不可能有反应时间来主动保护自己，只能采用被动安全保护装置来减少事故对人体的伤害。现代汽车在驾驶人前面转向盘中央和前排乘员座前的杂物箱上普遍装有安全气囊，以减少汽车发生正面碰撞时巨大的惯性力对驾乘人员所造成的伤害。还有些汽车同时装有侧向安全气囊，在汽车发生侧向碰撞时，也能使侧向气囊充气，以减少侧向碰撞时对驾乘人员的伤害。当汽车发生正面或侧向碰撞事故时，安全气囊控制系统检测到冲击力超过设定值，安全气囊 ECU 立即接通充气元件中的电雷管电路，点燃电雷管内的点火介质，引燃点火火药粉和气体发生机，产生大量气体，在 0.03 s 的时间内将气囊充气，使气囊急剧膨胀，缓冲对驾乘人员的冲击，随后又将气囊中的气体放出。实验和实践证明，汽车装配上安全气囊后，汽车发生碰撞事故后驾乘人员的受伤害程度大大减小。安全气囊必须与安全带一起配合使用才能有效地保护驾乘人员。

安全气囊系统部件位置如图 8-2-1 所示。

时钟弹簧

驾驶人安全气囊

前排乘员安全气囊

安全气囊ECU

图 8-2-1 安全气囊系统部件位置

二、 安全气囊的分类

1. 按碰撞类型分

根据碰撞类型，安全气囊可分为正面碰撞防护安全气囊、侧面碰撞防护安全气囊、膝部碰撞防护安全气囊和顶部碰撞防护安全气囊。

2. 按照安全气囊安装数目分

按照安全气囊安装数目，可分为单气囊系统（只装在驾驶人侧）、双气囊系统（驾驶人侧和前排乘员侧各有一个安全气囊）和多气囊系统。

3. 按照安全气囊的触发机构分

按照安全气囊的触发机构，可分为机械式和电子式两种。机械触发式安全气囊系统已被淘汰，目前应用的都是电子式的。

电子式安全气囊系统的组成部件分布在汽车的不同位置，如图 8-2-2 所示。各个汽车所使用的部件结构和数量有所不同，但其基本组成和工作原理都大致相同。

三、 安全气囊的组成

安全气囊系统主要包括安全气囊碰撞传感器、安全气囊控制单元（气囊电脑）、安全气囊指示灯、安全气囊组件以及连接线路。

触发器

（后）侧面碰撞
传感器

选装：
前排乘员侧安全气囊关闭
开关

选装：
胸部和臂部安全气
囊触发器

驾驶人和前排乘员
正面安全气囊触发器

安全带张紧触发器

胸部和腰部安全气
囊触发器

前部碰撞传感器

（前）侧面碰撞传感器

安全气囊系统控制
单元V8.4E

图 8-2-2　电子式安全气囊在整车上的位置

1. 安全气囊碰撞传感器

安全气囊碰撞传感器包括前碰撞传感器、中央传感器和安全传感器，用来检测碰撞减速力、碰撞强度，作为安全气囊控制的能源计算气囊是否动作的参数。

各汽车制造厂生产的车辆其碰撞传感器的安装位置不尽相同，而且碰撞传感器的名称也不统一。例如，有些碰撞传感器按照工作原理也称为加速度传感器，如图 8-2-3 所示。

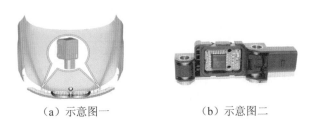

（a）示意图一　　　　（b）示意图二

图 8-2-3　加速度传感器

（1）按照用途，碰撞传感器分为触发碰撞传感器和防护碰撞传感器。触发碰撞传感器也称为碰撞强度传感器，用于检测碰撞时的减速度或惯性，并将碰撞信号传给气囊电脑，作为气囊电脑的触发信号；防护碰撞传感器也称为安全碰撞传感器，它与触发碰撞传感器串联，用于防止气囊误炸。

（2）按照结构，碰撞传感器分为机电式碰撞传感器、电子式碰撞传感器以及机械式碰撞传感器。防护碰撞传感器一般采用电子式结构，触发碰撞传感器一般采用机电结合式结构或机械式结构。

早期的汽车一般设有多个触发碰撞传感器，碰撞传感器的安装位置一般在车身的前部和中部，例如，车身两侧的翼子板内侧，前照灯支架下面以及发动机散热器支架两侧等部位。随着碰撞传感器制造技术的发展，有些汽车将触发碰撞传感器安装在气囊电脑内。防护碰撞传感器一般都与气囊电脑组装在一起，多数安装在驾驶舱内中央控制台下面。

2. 安全气囊控制单元

安全气囊控制单元是安全气囊的控制中心，又称为气囊电脑，其功能是接受传感器输入的信号，判断是否启动安全气囊系统，其工作过程如图 8-2-4 所示。

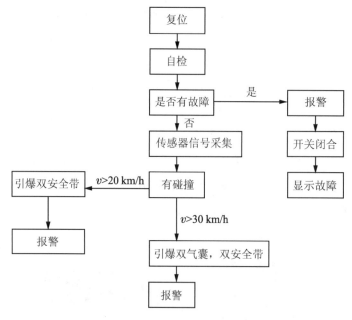

图 8-2-4　气囊电脑工作过程

气囊电脑由稳压电路、备用电路、系统侦测电路、点火控制、驱动电路、触发传感器、记忆电路和故障自诊断电路等部分组成。

气囊电脑是气囊系统的核心部件，大多安装在驾驶舱内中央控制台下面。气囊爆炸后，气囊电脑会存储碰撞数据和故障码，这些故障码用普通仪器无法清除。

气囊系统有两个电源，即汽车电源(蓄电池和发电机)和备用电源，备用电源电路由电源控制电路和若干电容器组成。当汽车发生碰撞导致蓄电池和发电机与气囊系统断开时，备用电源在一定时间内(一般为 6 s)可以维持气囊系统供电。在维修气囊系统时应该注意备用电源的作用，在断开蓄电池电源后仍需要等待一段时间给备用电源放电。

3. 安全气囊指示灯

安全气囊指示灯如图 8-2-5 所示，安装在仪表板里，用于指示气囊系统功能是否处于正常状态。正常情况下，打开点火开关后，气囊指示灯应点亮几秒，再自行熄灭，一直亮或在行驶途中突然点亮表示气囊系统有故障，应及时检修。

图 8-2-5　安全气囊指示灯　　　　　　图 8-2-6　驾驶人气囊

4. 安全气囊组件

安全气囊组件主要包括气囊、气体发生器及点火器等。

(1)气囊按照安装位置可以分为正面气囊和侧面气囊，也可分为驾驶人气囊(图 8-2-6)、前排乘员气囊(图 8-2-7 和图 8-2-8)以及后排乘员气囊。为了提高乘员的安全性，有些汽车还在座位侧面和车门内侧等部位安装了安全气囊。图 8-2-9 为安装的头部安全气帘。

图 8-2-7　前排乘员气囊　　　　　　图 8-2-8　前排乘员气囊开关

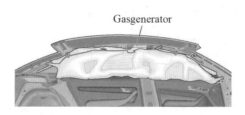

图 8-2-9　头部安全气帘

（2）气体发生器的功能是在点火器引爆点火剂时，产生气体向气囊充气，使气囊爆开。气囊发生器使用专用螺栓固定在气囊支架上，只有使用专用工具才能进行装配。气体发生器自安装之日起，应 10 年更换 1 次。

为了便于安装，驾驶人气囊气体发生器一般都做成圆形。目前，大多数气体发生器都利用热效应产生氮气充入气囊。前排乘员气囊的气体发生器为长筒形的，其工作原理与驾驶人侧气体发生器相同。

（3）点火器安装在气体发生器的中央位置，作用是在触发碰撞传感器和防护碰撞传感器将气囊电路接通时，引爆点火剂，产生热量使充气剂分解，如图 8-2-10 所示。

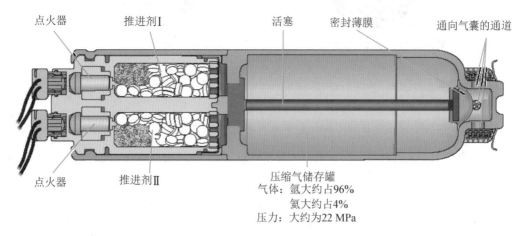

图 8-2-10　点火器

四、安全气囊的工作原理

当汽车在行驶中受到正面碰撞或侧面碰撞时候，安全气囊系统的工作原理基本相同。现以正面碰撞为例，说明安全气囊系统的工作原理。

当汽车遇到前方一定角度范围内的高速碰撞时，车体会产生强烈的震动，同时车速急剧下降。安装在汽车前端的碰撞传感器和与气囊电脑安装在一起的防护碰撞传感器（安全传感器）就会检测到汽车突然减速和撞击强度的信号，当达到规定的强度时，传感器即向气囊电脑发出信号。气囊电脑接收到信号后，与其存储信号进行比较，若达到气囊的展开条件，则由驱动电路向安全气囊组件中的气体发生器送去启动信号。气体发生器接到启动信号后，引爆电雷管引燃气体发生剂，产生大量气体，经过滤并冷却后进入安全气囊，使安全气囊在极短的时间内突破衬垫迅速展开，在驾驶人或乘员的前部形成弹性气垫，并及时泄露、收缩，将人体与车内构件之间的碰撞通过气囊变形吸收人体碰撞产生的动能，从而有效地保护人体头部和胸部，使之免受伤害或减轻受伤的程度。

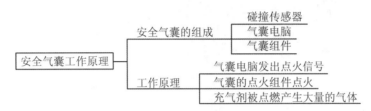

图 8-2-11　安全气囊工作原理图

任务实施

1. 任务准备

（1）工作场景：别克威朗教学用车。

（2）主要设备：工具车、工作台。

（3）辅助材料：翼子板布和前格栅布、三件套、抹布、车轮挡块、手套、挂历白纸、白板笔、卡片纸、喷胶。

2. 任务实施（表 8-2-1）

表 8-2-1　安全气囊的实车位置认知

作业内容	图解	技术规范
1. 车辆的基本防护和安全检查		**技术要求** 　1. 安装车轮挡块，车轮挡块可放置在任意车轮的前后 　2. 安装尾排 　3. 安装驾驶室三件套（脚垫、座椅套和转向盘套） 　4. 检查档位，变速杆应置于 P 档；检查驻车制动器，手柄应拉紧

续表

作业内容	图解	技术规范
2. 安全气囊在驾驶座前方的位置		**技术要求** 1. 根据实际教学用车指出驾驶人侧安全气囊的位置 2. 当点火开关置于"ON（打开）"位置时，安全气囊指示灯在闪烁几秒后正常熄灭
3. 安全气囊在前排乘员座前方的位置		**技术要求** 1. 了解前排乘员座前方的安全气囊 2. 根据实际教学用车指出安全气囊的位置
4. 安全气囊在前排乘员后侧中柱上的位置		**技术要求** 1. 了解中柱上的安全气囊与安全带一起保护乘员安全 2. 在进行安全带更换的时候必须注意不能引爆安全气囊 3. 在进行安全气囊操作的时候要断开蓄电池负极
5. 气囊在驾驶座后侧中柱上的位置		**技术要求** 了解后侧中柱上的安全气囊

续表

作业内容	图解	技术规范
6. 气囊在后排乘员左侧的位置		**技术要求** 1. 了解车顶纵梁安全气囊 2. 禁止将安全气囊置于 85 ℃以上的环境之中
7. 气囊在后排乘员右侧的位置		**技术要求** 1. 了解车顶纵梁安全气囊 2. 如果任何部件从 80 cm 或更高的高度掉落，则将其弃用
8.5S 工作		**技术要求** 1. 依次收起转向盘套、座椅套和地板垫 2. 丢弃无法二次使用的转向盘套、座椅套和地板垫等废弃物。能二次使用的转向盘套、座椅套和地板垫应叠放整齐，放回原位 3. 收起尾排装置 4. 收回车轮挡块 5. 清洁车身、地面等 6. 整理车间，关闭用电设备开关

汽车防盗系统的检修

任 务 目 标

完成本学习任务后，你应当：

(1)能说出汽车防盗系统的功用和组成；

(2)能进行汽车防盗系统的功能检查；

(3)能分析典型汽车防盗系统的工作原理；

(3)能进行汽车防盗系统的检修。

建议完成本学习任务用4学时。

相关知识

一、汽车防盗系统的功用

汽车防盗系统是安装在车上，防止汽车被盗的装置，是汽车的保护神。通过将防盗器与汽车电路配接在一起，可达到防止车辆被盗、被侵犯，保护汽车的目的。

二、汽车防盗系统的分类

1. 机械式防盗

机械式防盗系统是市面上最简单、价格最便宜的一种防盗装置，其原理也很简单，只是将转向盘和控制踏板或档柄锁住。优点是价格便宜，安装简便；缺点是防盗不彻底，拆装麻烦，不用时还要找地方放置。机械式防盗装置比较常见的有以下几种：

(1)转向盘锁。所谓转向盘锁就是拐杖锁，靠坚固的金属结构锁住汽车的操纵部分，使汽车无法开动，如图8-3-1所示。

(2)可拆卸式转向盘。整套配备包括底座、可拆式转向盘、专利锁帽盖等。操作程序是：先将转向盘取下，将专利锁帽盖套在转向轴上。

(3)排档锁。采用特殊高硬度合金钢制造，防撬、防钻、防锯，且独特地采用同材质镍银合金锁心和钥匙，没有原厂配备钥匙，绝对无法打开，钥匙丢失后，可使用原厂电脑卡复制钥匙，如图8-3-2所示。

图 8-3-1　转向盘锁

图 8-3-2　排档锁

上述机械式防盗装置结构比较简单，占用空间，不隐蔽，每次使用都要用钥匙开锁，比较麻烦，安全系数低。

2. 芯片式防盗系统

芯片式防盗系统具有特殊的诊断功能，在读取钥匙保密信息时，能够得到该防盗系统的历史信息、系统中经授权的备用钥匙数目、时间印记以及其他背景信息，除能有效地起防盗作用外，还具有独特的射频识别技术，可以保证系统在任何情况下都能正确地识别驾驶人，在驾驶人接近或远离车辆时可以自动识别其身份，自动打开或关闭车锁。

3. 电子式防盗系统

电子式防盗系统是给车锁加上电子识别装置，开锁、配钥匙都需要输入十几位密码的汽车防盗系统，一般具有遥控技术。电子式防盗装置有如下四大功能：

（1）防盗报警功能；

（2）车门未关安全提示功能；

（3）寻车功能；

（4）遥控中央门锁。

4. GPS 卫星定位汽车防盗系统

GPS 的工作原理是利用卫星发射的信号、地面监控设备和 GPS 信号接收机组成全球定位系统，卫星连续不断地发送动态目标的三维位置、速度和时间信息，保证车辆在地球上的任何地点、任何时刻都至少能收到卫星发出的信号。GPS 卫星定位汽车防盗系统主要是靠锁定点火或启动来达到防盗的目的，同时还可通过 GPS 卫星定位系统，将报警处和报警车辆所在位置无声地传送到报警中心。因此，只要每辆移动车辆上安装的 GPS 车载机能正常的工作，再配上相应的信号传输链路(如 GSM 移动通信网络和电子地图)，建一个专门接收和处理各个移动目标发出的报警和位置信号的监控室，就可形成一个卫星定位的移动目标监控系统。GPS 卫星定位汽车防盗系统有如下五大功能：

(1)定位功能。监控中心在全国范围内可随时监控某辆车的运营状况，可以 24 h 不间断地检测目标车辆当前的运行位置、行驶速度和前行方向等数据。

(2)通信功能。该系统适应信息时代的需求，在行车中可以为车主提供 GSM 网络上的全国漫游服务。

(3)监控功能。可以通过系统配备的脚踏/手动报警、防盗报警等报警设施与监控中心联系。

(4)停驶功能。可通过监控中心对它实行"远程控制"，监控中心在对将主所提供的信息和警情核实无误后，可以遥控该车辆，对其实行断油断电。

(5)调度功能。监控服务中心可以针对当前的道路堵塞和交通信息通过广播发布中文调度指令。

三、 汽车防盗系统的组成

目前汽车防盗系统已由初期的机械控制发展成为"钥匙控制—电子密码—遥控呼救—信息报警"的汽车防盗系统，由以前单纯的机械钥匙防盗技术走向电子防盗、生物特征式电子防盗。电子防盗系统主要由电子控制的遥控器或钥匙、电子控制电路、报警装置和执行机构等组成。电子防盗系统的类型主要有以下几种：

(1)钥匙控制式。通过用钥匙将门锁打开或锁止，同时将防盗系统设置或解除。

(2)遥控式。防盗系统能够远距离控制门锁打开或锁止解除。

(3)报警式。防盗系统遇有汽车被盗窃时，只是报警，没有防止汽车移动的功能。

(4)具有防盗报警和防止车辆移动式的防盗系统。当遇到有人窃车时，除有音响信号报警外，还能切断汽车的起动电路、点火电路或油路等，起到防止汽车移动的作用。

(5)电子跟踪防盗系统。该系统分为卫星定位跟踪系统(GPS)和利用对讲机通过中央控制中心定位监控系统。

电子防盗系统的工作过程如图 8-3-3 所示。

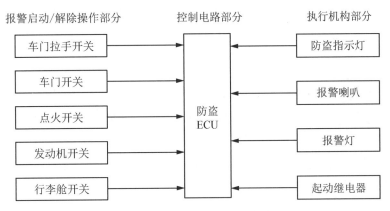

图 8-3-3　电子防盗系统的工作过程

四、 典型汽车防盗系统的工作原理

1. 德国桑塔纳 2000 GSI 汽车防盗系统

桑塔纳 2000 GSI 汽车防盗系统采用的是驻车防盗系统认可的钥匙启动工作程序的防盗装置。

该系统的工作原理为：车主将钥匙插进点火开关并旋至 ON 位置时，识读线圈以感应的方式传递给钥匙上的脉冲转发器，脉冲转发器接收能量后立即发射出答复代码；识读线圈接收后把答复代码输送给驻车防盗系统电控单元，驻车防盗系统电控单元接收答复代码，与先前存储的代码比较看是否相同。

如果相同，就向发动机电控单元发出进入正常工作程序的指令，发动机正常起动。

如果不相同或者驻车防盗系统出现故障，就向发动机电控单元发出停止正常工作的指令，发动机起动 2 s 后立即熄火，且驻车防盗系统警告灯连续闪烁，避免汽车被开走。

2. 美国别克汽车防盗系统

该汽车配备的是遥控钥匙确认防盗系统，主要由点火钥匙、点火锁芯、防盗报警模块、防盗报警继电器和动力系统控制模块（PCM）等组成。

该系统的工作原理为：点火钥匙内嵌一电阻片，拥有特定的电阻代码，点火锁芯含有电阻感应触点。

当钥匙和锁芯一起转动时，锁芯触点和点火钥匙上的电阻片相接触，使电阻片形成钥匙检测电路，此时车身控制模块向电路提供 5 V 参考电压。

车身控制模块读入电阻片代码，与预制的电阻代码进行比较。当检测出代码一致时，车身控制模块将通过2级串行数据向动力系统控制模块发出燃油喷射口令，同时动力系统控制模块启用防盗继电器，向发动机供油。

若检测出的代码不一致，车身控制模块使点火系统和起动机不工作，也不允许动力控制系统模块发出喷油指令；同时还能点亮防盗报警灯，即使将起动机电磁阀接通，PCM也无法使喷油器喷油，从而防止汽车被盗。

→ 任务实施

1. 任务准备

（1）工作场景：别克威朗教学用车。

（2）主要设备：工具车、工作台。

（3）辅助材料：翼子板布、前格栅布、三件套、抹布、车轮挡块、手套、挂历白纸、白板笔、卡片纸、喷胶。

2. 任务实施（表 8-3-1）

表 8-3-1　汽车防盗系统的检修

作业内容	图解	技术规范
1. 车辆的基本防护和安全检查		**技术要求** 1. 安装车轮挡块，车轮挡块可放置在任意车轮的前后 2. 安装尾排 3. 安装驾驶室三件套（脚垫、座椅套和转向盘套） 4. 检查档位，变速杆应置于 P 档；检查驻车制动器，手柄应拉紧
2. 连接诊断仪		**技术要求** 关闭点火开关，将诊断仪连接到 DLC3

续表

作业内容	图解	技术规范
3. 使用智能检测仪读取故障码		**技术要求** 1. 点火开关置于 ON 位置 2. 打开检测仪，选择以下菜单项：Power-train→Engine and ECT→DTC
4. 选择相应的故障诊断界面		**技术要求** 获取故障诊断仪信息
5. 切断电源		**技术要求** 用开口扳手旋松蓄电池夹箍，切断负极线
6. 根据电路图进行检查		**技术要求** 根据维修手册的电路图进行防盗系统电路分析

续表

作业内容	图解	技术规范
7. 拔下线束连接器		技术要求 断开 K89 安全防盗系统控制模块处的线束连接器
8. 测量电压		技术要求 打开点火开关，测量 3 号线与搭铁之间的电压
9. 测量接地		技术要求 关闭点火开关，测量 1 号线与 K9 模块 X3 之间的电阻
10. 检测信号线		技术要求 关闭点火开关，检测 2 号线与 K9 模块 X3 之间的信号线

续表

作业内容	图解	技术规范
11.5S 工作		**技术要求** 1. 依次收起转向盘套、座椅套和地板垫 2. 丢弃无法二次使用的转向盘套、座椅套和地板垫等废弃物。能二次使用的转向盘套、座椅套和地板垫应叠放整齐，放回原位 3. 收起尾排装置 4. 收回车轮挡块 5. 清洁车身、地面等 6. 整理车间，关闭用电设备开关

课程评价

同学们，本课程学习结束了，感谢你始终如一的努力学习和积极配合。为了能使我们不断地改进，提高专业教学效果，我们珍视各种建议、创意和批评。为此，我们很乐于了解你对本模块学习的真实看法。当然，这一过程中所收集的数据采用不记名的方式，我们都将保密，且不会透漏给第三方。对于有些问题，只需做出选择，有些问题，则请借助几个关键词给出一个简单的答案。

项目名称：　　　　教师姓名： 课程时间：　年　月　日 — 　日　第　　周 授课地点：	很满意	满意	一般	不满意	很不满意
项目教学组织的评价	☺		☺		☹
1. 你对实训楼的教学秩序是否满意？	☐	☐	☐	☐	☐
2. 你对实训楼的环境卫生状况是否满意？	☐	☐	☐	☐	☐
3. 你对实训楼学生整体的纪律表现是否满意？	☐	☐	☐	☐	☐
4. 你对你们这一小组的总体表现是否满意？	☐	☐	☐	☐	☐
5. 你对这种理实一体化的教学模式是否满意？	☐	☐	☐	☐	☐
学习教师的评价	☺		☺		☹
6. 你如何评价培训教师？（总体印象/能力/表达能力/说服力）	☐	☐	☐	☐	☐
7. 教师组织培训通俗易懂，结构清晰。	☐	☐	☐	☐	☐
8. 教师非常关注学生的反应。	☐	☐	☐	☐	☐
9. 教师能认真指导学生，对任何学生都不放弃。	☐	☐	☐	☐	☐
10. 你对培训氛围是否满意？	☐	☐	☐	☐	☐
11. 你认为理论和实践的比例分配是否合适？	☐	☐	☐	☐	☐
12. 你对教师在岗情况是否满意？（上课经常不在培训室，接打电话等）	☐	☐	☐	☐	☐

项目名称：　　　　　教师姓名：	很满意	满意	一般	不满意	很不满意
课程时间：　年　月　日　—　　日　第　　周					
授课地点：					
学习内容的评价	☺		☺		☹
13. 你对培训涉及的题目及内容是否满意？	☐	☐	☐	☐	☐
14. 课程内容是否适合你的知识水平？	☐	☐	☐	☐	☐
15. 培训中使用的各种器材是否丰富？	☐	☐	☐	☐	☐
16. 你对发放的学生手册和学生工作手册是否满意？	☐	☐	☐	☐	☐

请回答下列问题：

1. 在学习组织方面哪些地方还需要进一步改进？

_____

_____

2. 哪些学习内容您特别感兴趣？为什么？

_____

_____

3. 哪些学习内容您不特别感兴趣？为什么？

_____

_____

4. 关于学习内容是否还有你想学但这次没有涉及的？如有，请指出。

_____

_____

5. 你对哪些学习内容比较满意？哪些方面还需要进一步改进？

_____

_____

6. 你希望每次活动都给小组留有一定的讨论时间吗？你认为多长时间较为合适？

_____

_____

7. 通过本课程的学习，你最想对自己说些什么？

_____

_____

8. 通过本课程的学习，你最想对教授本课程的教师说些什么？

_____

_____